LA CLAVE

DE LA
Oración

40 oraciones de las
Escrituras que cada
creyente debería orar

O. S. Hawkins

COUNTRYMAN
A Division of Thomas Nelson Publishers

GRUPO NELSON
Desde 1798

Editora en Jefe: *Graciela Lelli*
Traducción: *Marina Lorenzin*
Adaptación del diseño al español: *Mauricio Díaz*

ISBN: 978-1-40023-229-1

Impreso en Estados Unidos de América
21 22 23 24 25 LSC 9 8 7 6 5 4 3 2 1

CONTENIDO

INTRODUCCIÓN

*L*a oración es sencillamente hablar con Dios. Como toda comunicación, implica un diálogo bidireccional: escuchar y hablar. En los sesenta y seis libros de nuestra Biblia hay más de seiscientas cincuenta oraciones. Entre ellas podemos encontrar las de penitencia, alabanza, petición, protección y provisión. Desde la más extensa —la oración intercesora de Jesús, que abarca todo el capítulo diecisiete del Evangelio de Juan— hasta la más corta —el ruego desesperado de Pedro: «¡Señor, sálvame!» (Mateo 14.30)— son oraciones de hombres y mujeres de todas las condiciones sociales en cualquier tipo de situación. Desde la primera que aparece en la Biblia —la conversación de Dios con Adán y Eva en el huerto del Edén (Génesis 3.8-9)— hasta la última —el ruego de Juan en Patmos: «Amén. Ven, Señor Jesús» (Apocalipsis 22.20)— son oraciones a emular sin importar cuáles sean hoy nuestras necesidades.

La oración es el campo de batalla de la vida cristiana. Muchos creyentes se revisten con toda la armadura que Pablo describe en Efesios 6.11-17. Es decir, nos colocamos el casco de la salvación, sostenemos el escudo de la fe y usamos con eficiencia la espada del Espíritu, que es la Palabra de Dios. Nos vestimos para la batalla; sin embargo, muchos no saben dónde se lucha. El versículo siguiente nos dice: «Con toda oración y súplica oren en todo tiempo en el Espíritu» (v. 18). Repito, la oración es el campo de batalla de la vida cristiana, el lugar donde se ganan las luchas de la vida. Es imposible ganar una guerra si desconocemos dónde se pelea.

Resulta fascinante que lo único que los discípulos le pidieron a Jesús fue que les enseñara a orar. Jamás le pidieron que les enseñara a predicar, sanar, evangelizar ni organizarse. Habían observado cada uno de sus movimientos durante casi tres años y sabían que el secreto de su vida residía en la oración. En ocasiones, subía a las montañas y oraba toda la noche. A veces, lo veían levantarse de madrugada para orar. Oraba antes de cada gran tarea y después de cada victoria significativa. Cuanto más ajetreada se volvía su vida, más lo hallamos aislándose en el lugar secreto de la oración. Por consiguiente, lo único que sus fieles seguidores le pidieron fue: «Señor, enséñanos a orar» (Lucas 11.1).

En este libro, hacemos la misma petición en nuestra época: «Señor, enséñanos a orar». Al recorrer sus páginas encontraremos un patrón de la oración que nos guiará a través del tiempo de clamor. *La clave de la oración* no es simplemente un intento analítico de estudiarla, sino que se trata de un estudio de las personas de las Escrituras que superaron estos principios en el yunque de las experiencias personales, a fin de que nosotros los pongamos en práctica en nuestras vidas diarias.

Ha llegado el momento de comenzar el viaje para descifrar cuarenta oraciones de las Escrituras que cada creyente debe hacer. *La clave de la oración* se escribió en la misma línea que muchos de los libros anteriores de esta serie. Después de cada lectura, encontrará una palabra clave que lo ayudará a recordar y a vivir con la verdad del capítulo cada día. Anótela. Llévela con usted a lo largo del día. También hallará una promesa que podrá reclamar para sí mismo a diario. Así que comencemos la jornada y apropiémonos de esa antigua y sincera petición: «Señor, enséñanos a orar».

1 UNA ORACIÓN DE AFECTO

«Padre nuestro...».

—MATEO 6.9

¿Cuántas veces han escapado esas dos palabras de sus labios durante los años de su experiencia cristiana? ¿Cientos? ¿Miles? Se han vuelto tan familiares que a menudo las decimos sin pensar apurados por llegar a las peticiones más directas de esta oración modelo: «Danos... perdónanos... líbranos». Pero retroceda solo un momento y medite en esas palabras: «Padre nuestro». Sin importar quiénes seamos, si acabamos de emprender el camino de la fe o si hemos estado transitando esa senda durante décadas, todos podemos comenzar nuestro tiempo de oración con el fundamento de esta oración verdadera: «Padre nuestro».

Recuerdo el día cuando hice el maravilloso descubrimiento, como nuevo creyente, de que no tenía que entrar en oración —como un mendigo acobardado— por la puerta trasera pidiendo limosna. Soy hijo de Dios y estoy sentado a su mesa. Eso me da confianza e incluso valor para acercarme a él. Antes de apresurarnos a repetir la oración de nuestro Señor, detengámonos solo un momento en estas primeras dos palabras.

UN RECONOCIMIENTO DESINTERESADO

El fundamento de la oración genuina se *basa en un reconocimiento desinteresado*. Él es *nuestro* Padre. De hecho, una lectura atenta de la oración modelo revela el uso reiterado de estos pronombres en plural: *nuestro* y *nos*. Tantas veces nos acercamos al Señor en oración con una serie de «yo, yo, yo» o «me, me, me» o «mi, mi, mi». No obstante, cuando oramos como nos enseñó Jesús, no hay pronombres en singular, solo en plural. Él no solo es «mi» Padre, es «nuestro» Padre. Para mi familia terrenal, soy hijo único, pero no existe tal cosa en la familia de Dios.

> Para mi familia terrenal, soy hijo único, pero no existe tal cosa en la familia de Dios.

Cuando oramos Padre «nuestro», reconocemos que formamos parte de una gran familia. Algunos miembros de ella son diferentes en materia de doctrina, raza, cultura o posición social; pero la familia incluye a todos los creyentes. He hecho esta oración en países donde los creyentes estaban sometidos a una intensa persecución o eran dominados por un sistema de castas; en África, en iglesias con paredes abiertas y techos de estaño; en países musulmanes con creyentes árabes; en Cuba con aquellos que aún permanecen oprimidos por un régimen comunista fallido; en Israel con creyentes judíos; en Estados Unidos de América con mis hermanos y hermanas negros e hispanos. Todos los santos en oración se muestran unánimes. Eso es lo que Jesús pidió a nuestro favor en su oración intercesora cuando dijo: «Para que todos sean uno [...] para que el mundo crea que Tú me enviaste» (Juan 17.21).

La próxima vez que haga esta oración, que comúnmente se conoce como la oración del Señor, deténgase en la segunda palabra y recuerde todo lo que ella implica. Él es «nuestro» Padre. Cuando decimos «Padre nuestro», estamos reconociendo que la verdadera hermandad del hombre se encuentra realmente en la familia de Dios. Ese es el fundamento de nuestra oración, porque la oración genuina se basa en un reconocimiento desinteresado.

UNA RELACIÓN INQUEBRANTABLE

Cuando decimos «Padre nuestro», avanzamos un paso más para reconocer que el fundamento de la oración genuina también *se basa en una relación inquebrantable*. La única manera en que podemos referirnos a él como «Padre» es si hemos nacido en su familia. Muchos tienen el concepto erróneo de que todos somos hijos de Dios. Sin embargo, no es así. Todos somos creación de Dios, pero no todos somos hijos de Dios. La Biblia es clara con respecto a este punto. Juan dijo: «Pero a todos los que lo recibieron, les dio el derecho de llegar a ser hijos de Dios» (Juan 1.12). Pablo, inspirado por el Espíritu Santo, escribió: «Pues todos ustedes son hijos de Dios mediante la fe en Cristo Jesús» (Gálatas 3.26). Queda claro. Solo aquellos que han puesto su fe en Cristo y han nacido de nuevo en su familia eterna pueden orar: «Padre nuestro».

Cuando leemos los evangelios, descubrimos que Jesús usó la palabra *Padre* decenas de veces en sus oraciones. Se registra solo un caso en el Nuevo Testamento en el cual oró sin usarla. Fue en la cruz. Tres veces oró Jesús desde ese instrumento de ejecución del cual colgaba. La primera vez: «Padre, perdónalos» (Lucas 23.34). La última vez: «Padre, EN TUS MANOS ENCOMIENDO MI ESPÍRITU» (Lucas 23.46). Pero en medio de esas dos oraciones, cuando las tinieblas cubrieron la tierra, cuando cargaba sobre sí nuestro propio pecado, fue la única vez en la que se abstuvo de usar la palabra *Padre*. Jesús exclamó: «DIOS MÍO, DIOS MÍO, ¿POR QUÉ ME HAS ABANDONADO?» (Mateo 27.46). En el acto de cargar con los pecados del mundo fue separado del Padre a fin de que nosotros pudiéramos ser facultados y empoderados para orar basados en una relación inquebrantable: «Padre nuestro».

Toda oración genuina se construye sobre la base de un reconocimiento desinteresado. Él es *nuestro* Padre. Y también se basa en una relación inquebrantable. Él es nuestro *Padre*. Esas dos palabras que hemos repetido durante la mayor parte de nuestras vidas constituyen el fundamento mismo de nuestras oraciones. Si hemos recibido a Cristo por fe, formamos parte de una gran familia y somos hijos de Dios, nacidos de nuevo por medio de la fe en él. Así que la verdadera pregunta es: ¿puede usted orar «Padre nuestro»?

PALABRA CLAVE: FAMILIA

Cuando se comunique con algún miembro de su familia hoy, hable con su papá o vea una foto de él, tenga presente que usted es integrante de otra familia, una mucho más grande: la de Dios. Y recuerde, la verdadera hermandad del hombre se encuentra en la familia eterna de Dios, en la cual estamos más estrechamente relacionados unos con otros por medio de la sangre de Cristo que con nuestros propios parientes consanguíneos que no lo conocen.

VERSÍCULO CLAVE

Pero a todos los que lo recibieron, les dio el derecho de llegar a ser hijos de Dios, es decir, a los que creen en Su nombre. (Juan 1.12)

2   LA ORACIÓN MODELO

«Padre nuestro que estás en los cielos, Santificado sea Tu nombre.
Venga Tu reino. Hágase Tu voluntad, así en la tierra como en el
cielo. Danos hoy el pan nuestro de cada día.
Y perdónanos nuestras deudas, como también nosotros hemos
perdonado a nuestros deudores.
Y no nos dejes caer en tentación, sino líbranos del mal. Porque
Tuyo es el reino y el poder y la gloria para siempre. Amén».

—MATEO 6.9-13

*P*ara la mayoría de nosotros, la oración no nace natu-
ralmente ni surge sin esfuerzo. Es un comportamiento
aprendido. Por eso los discípulos le pidieron a nuestro Señor
que les enseñara a orar (Lucas 11.1). En la más conocida de
todas las oraciones, el Maestro de maestros hace justamente
eso: nos enseña a orar. Aunque es la más recitada y repetida
de la Biblia, Jesús nunca dijo: «Hagan esta oración». De hecho, más adelante en esa misma conversación nos amonesta
a no usar «repeticiones sin sentido» cuando oremos (Mateo
6.7), sino a utilizar esa oración como modelo. Es decir, Jesús
nos da un modelo, una fórmula sobre la cual construir nuestras oraciones y presentar nuestras peticiones delante de él.
Su deseo es que oremos con la mirada puesta en su gloria,
pues esto derivará en una respuesta para nuestro propio bien.

A Dios no le impresionan nuestras oraciones interminables llenas de palabras rebuscadas y, a menudo, con cierta cadencia santurrona en nuestras voces. Básicamente, está diciendo: «Ora con sencillez. Con el corazón».

EL PROPÓSITO DE ESTA ORACIÓN ES LA GLORIA DE DIOS

Glorificamos al Señor cuando somos sinceros en la adoración, sensibles a nuestro testimonio y obedientes a su voluntad. La oración modelo es cien por ciento petitoria y la primera petición es que el nombre de Dios sea alabado: «Santificado sea Tu nombre». Eso implica el elemento de *sincera adoración*. El término *santificado* significa santo, apartado. Debemos comenzar a orar con un reconocimiento de que el nombre del Señor es diferente de cualquier otro. Él es santo y debemos acercarnos con reverencia y respeto.

Dios se glorifica no solo cuando somos sinceros en nuestra adoración, sino además cuando somos *sensibles a nuestro testimonio*. El Maestro continúa exhortándonos a orar: «Venga Tu reino». En este punto, oramos para que el reino de la gracia pueda descender sobre los corazones de aquellos que sabemos que necesitan conocer a Jesús. Sin embargo, existe una dimensión superior a dicha expresión. Cuando pedimos que el reino de Cristo venga, también estamos orando por el glorioso reino venidero, cuando el Señor Jesús regrese a esta tierra y establezca su reino terrenal, gobernando desde el trono de David en Jerusalén durante un milenio de perfecta paz.

Glorificar a Dios en la oración también implica que seamos *obedientes a su voluntad*. Debemos orar: «Hágase Tu voluntad, así en la tierra como en el cielo». La oración genuina siempre nos conducirá a anteponer la voluntad de Dios a la nuestra en las cuestiones de la vida. Lo que Jesús nos predicó en aquel monte de pastizales verdes de Galilea en la oración modelo, lo puso en práctica debajo de esos olivos ancestrales del huerto de Getsemaní la noche anterior a la que fue crucificado. Oiga cómo oraba: «No sea como Yo quiero, sino como Tú *quieras* [...] Hágase Tu voluntad» (Mateo 26.39, 42). La oración genuina implica rendir nuestra propia voluntad a la suya para con nosotros.

> La oración genuina siempre nos conducirá a anteponer la voluntad de Dios a la nuestra.

EL RESULTADO DE ESTA ORACIÓN ES PARA NUESTRO BIEN

Jesús nos enseña a pedirle por nuestra *provisión*: «Danos hoy el pan nuestro de cada día». Debemos orar con un espíritu dependiente de él para suplir nuestras necesidades diarias. Y note, es el pan de «cada día» por el que debemos orar. La mayoría de nosotros sabemos muy bien que la Biblia relaciona el pan con la Palabra de Dios. Necesitamos esa clase de pan «cada día» en nuestro caminar con él. Qué privilegio es poder colocar nuestras necesidades básicas delante de él y confiar en su provisión.

También se nos exhorta a orar no solo por nuestras provisiones, sino también por nuestro *perdón*: «Perdónanos nuestras deudas, como también nosotros hemos perdonado a nuestros deudores». La oración genuina siempre emplea ese elemento de confesión de pecado, a fin de que nuestros pecados puedan ser perdonados. Me pregunto cuántos cientos —quizás miles— de veces algunos creyentes la han recitado sin siquiera pensar en lo que le están pidiendo al Señor. ¿De verdad queremos que Dios nos perdone «*como*», de la misma manera, en que perdonamos a los que nos han ofendido? Esto la convierte en una oración peligrosa. Algunos de nosotros somos propensos a decir sobre alguien que pudo habernos ofendido: «Lo o la perdonaré, pero no tendré nada más que ver con ellos». ¿Es esa la manera en que quiere que Dios lo perdone? Es una oración poderosa decir: «Perdónanos nuestras deudas, como también nosotros hemos perdonado a nuestros deudores». Inmediatamente después de que Jesús termina la oración modelo, el versículo siguiente contiene una promesa poderosa: «Porque si ustedes perdonan a los hombres sus transgresiones, también su Padre celestial les perdonará a ustedes» (Mateo 6.14).

Por último, Jesús nos enseña a orar por *protección*: «No nos dejes caer en tentación, sino líbranos del mal». Todos enfrentamos la tentación cada día, y existe una gran diferencia entre las pruebas que podamos enfrentar y las tentaciones que se nos presentan. Las últimas vienen del diablo para hacer tropezar al creyente. Las primeras son permitidas por el Señor para mantenernos firmes. Dios proveerá una «vía de escape» para los que con sinceridad oren por liberación (1 Corintios 10.13).

Jesús concluye su enseñanza al desafiarnos a orar este reconocimiento convincente que culmina con un *crescendo* en cascada: «Porque Tuyo es el reino y el poder y la gloria para siempre. Amén».

PALABRA CLAVE: MODELO

Hoy, cuando realice sus labores, presencie y observe una casa modelo o tal vez mire algunos planos de arquitectura, recuerde que el Señor Jesús le ha provisto un modelo con el cual acudir al Dios del cielo. El mensaje es claro. El propósito es la gloria de Dios ¡y el resultado es para nuestro bien!

VERSÍCULO CLAVE

Pero tú, cuando ores, entra en tu aposento, y cuando hayas cerrado la puerta, ora a tu Padre que está en secreto, y tu Padre, que ve en lo secreto, te recompensará. (Mateo 6.6)

3   LA ORACIÓN QUE HONRA A DIOS

«Cuando ustedes oren, no sean como los hipócritas; porque a ellos les gusta [...] ser vistos por los hombres [...] Pero tú, cuando ores, entra en tu aposento, y cuando hayas cerrado la puerta, ora a tu Padre que está en secreto [...] Y al orar, no usen ustedes repeticiones sin sentido, como los gentiles [...] porque su Padre sabe lo que ustedes necesitan antes que ustedes lo pidan».

—MATEO 6.5-8

¿Acaso no es un pensamiento notable que algunos de nosotros nos sorprendamos cuando Dios responde nuestras oraciones? ¿No debería ocurrir lo contrario? ¿No deberíamos quedar más sorprendidos cuando nuestras oraciones no parecen tener una respuesta? Las oraciones que honran a Dios se hacen en fe y creyendo que recibirán una contestación.

Es interesante notar en nuestro texto que Dios asume que el creyente va a tener una vida de oración constante. Repetidas veces Jesús declara: «Y al orar... Y al orar... Y al orar...». No dice: «Si oras...». La idea de que la oración sea una ocurrencia tardía o algún mecanismo de escape de emergencia cuando los problemas golpean nuestra puerta debería ser ajena a cualquier creyente que conoce al Señor en la intimidad de Padre e hijo. Estar en una comunión constante con

Dios debería ser como respirar; es la respuesta natural a nuestra relación de amor con él.

En esa introducción a la oración del Señor, Jesús menciona dos tipos de individuos: el hipócrita y el gentil. El hipócrita, que le «gusta ponerse en pie y orar en las sinagogas y en las esquinas de las calles, para ser visto por los hombres», ora para impresionar a las personas (Mateo 6.5). El gentil, con «repeticiones sin sentido... porque ellos se imaginan que serán oídos por su palabrería», ora en un débil esfuerzo por probar e impresionar a Dios (v. 7). Si somos francos, hay ocasiones cuando encontramos un poco del hipócrita o del gentil en todos nosotros. Pero el Señor dice: «No se hagan semejantes a ellos» (v. 8). Dios tiene su manera de honrar las oraciones sinceras, secretas y sencillas.

DIOS HONRA LAS ORACIONES SINCERAS

Nuestro Señor introduce esta sección del Sermón del monte con una severa advertencia: «Cuídense de no practicar su justicia delante de los hombres para ser vistos por ellos; de otra manera no tendrán recompensa de su Padre que está en los cielos» (Mateo 6.1). Reprende la vida de oración hipócrita de aquellos que «quieren ser vistos por los hombres». El orgullo y la vanidad constituyen dos de los mayores obstáculos en las oraciones que honran a Dios. Las oraciones que Dios honra son aquellas que emergen de un corazón sincero con intenciones puras.

Las que se realizan en público traen consigo la tentación de caer en esa trampa. La mayoría de nosotros puede recordar a algunos que oran en público con un tono completamente diferente de la manera en que hablan por lo general. Sin embargo, las que se hacen en privado también son susceptibles a esa tentación al permitir que el orgullo encuentre el camino a nuestras peticiones. Para algunos es difícil ayunar u orar durante la noche sin finalmente contarle a alguien. Dios nos invita a su sala del trono de la oración y en ningún momento de nuestra vida cristiana deberíamos abordar un asunto con más sinceridad de corazón que cuando nos encontramos en una dulce comunión con él. Él honra la oración sincera de corazón.

DIOS HONRA LAS ORACIONES EN LO SECRETO

Hay algo que Dios parece honrar cuando mantenemos nuestra vida de oración solo entre él y nosotros. Jesús dijo: «Pero tú, cuando ores, entra en tu aposento, y cuando hayas cerrado la puerta, ora a tu Padre que está en secreto, y tu Padre, que ve en lo secreto, te recompensará» (Mateo 6.6). Aquí Jesús dice que cuando oramos nos guardemos de la tentación de ser «vistos por los hombres».

La vida pública de cualquier creyente lleno del Espíritu depende de la privada, la oculta. Existen tantas lecciones objetivas que revelan esa verdad. Los hermosos edificios de gran altura que emergen del centro de nuestras ciudades se mantienen altos y firmes a causa de una estructura oculta. Muy por debajo de la superficie se encuentra una base de concreto y acero que ha sido cavada en la piedra angular permitiendo que enormes edificios resplandezcan con el sol debido a la existencia oculta de un fundamento sólido. Ocurre lo mismo con los árboles frutales de los cuales saboreamos las manzanas y los duraznos. Estas exquisiteces jugosas son posibles gracias a la vida oculta del árbol, las raíces que se profundizan en la tierra hasta encontrar una fuente de agua mediante la cual su vida visible prospera. Y así sucede con nosotros. Dios no solo honra las oraciones sinceras, sino también las que se realizan en lo secreto.

> La vida pública de cualquier creyente lleno del Espíritu depende de la privada, la oculta.

DIOS HONRA LAS ORACIONES SENCILLAS

Jesús nos amonesta sobre este aspecto, diciendo: «Y al orar, no usen ustedes repeticiones sin sentido, como los gentiles» (Mateo 6.7). Nos pide que mantengamos la sencillez. Después de todo, el Padre «sabe lo que ustedes necesitan antes que ustedes lo pidan» (v. 8). No es tanto la repetición lo que Jesús condena aquí, sino la repetición vana y «sin sentido» que a menudo surge de nuestras oraciones. En muchos casos, la repetición es vana ni sin sentido. Jesús mismo repitió sus oraciones en el huerto de Getsemaní, pero estaban llenas de sinceridad y significado.

Algunas de las oraciones más poderosas que se registran en las Escrituras fueron clamores sencillos. Una noche, Pedro estaba hundiéndose en el mar de Galilea cuando simplemente oró: «¡Señor, sálvame!» (Mateo 14.30). ¿Y quién puede olvidarse de la oración corta, simple, pero sincera de Jesús en la cruz? «Padre, perdónalos, porque no saben lo que hacen» (Lucas 23.34). Cuando ore, recuerde que Dios mira su corazón, y él tiene sus maneras de honrar las oraciones que son sinceras, secretas y sencillas.

PALABRA CLAVE: RASCACIELOS

Hoy, cuando vaya a su oficina o pase por un edificio alto, recuerde la importancia de su vida de oración y cómo Dios aún honra sus oraciones sinceras, secretas y sencillas.

VERSÍCULO CLAVE

Su Padre sabe lo que ustedes necesitan antes que ustedes lo pidan. (Mateo 6.8)

4 LA TRINIDAD Y LA ORACIÓN

«Por medio de él tenemos acceso al Padre por un mismo Espíritu».
—EFESIOS 2.18, NVI

*L*a santa Trinidad es uno de los aspectos imponderables del Dios todopoderoso. Dios es uno y se manifiesta a sí mismo en tres personas: el Padre, el Hijo y el Espíritu Santo. No me molesta el hecho de que sea un gran misterio y resulte difícil de comprender. En verdad, si pudiera entenderlo todo, no habría mayor misterio. Por eso la vida cristiana es una experiencia de fe. La filosofía puede intentar explicarla, pero no puede ocasionar cambios. El cristianismo transforma las vidas, aunque algunas de las explicaciones de la Biblia sobre la grandeza y la gracia de Dios sean inexplicables.

A menudo, oímos a los escépticos exclamar que la palabra *Trinidad* no se encuentra en la Biblia. Sin embargo, no necesitamos ver la expresión para descubrir la verdad a lo largo de las Escrituras. La Trinidad —el Padre, el Hijo y el Espíritu Santo— está presente en el bautismo de Jesús. El Hijo está allí de pie, el Padre habla desde el cielo y el Espíritu desciende sobre el Señor en forma de paloma (Lucas 3.22).

Cuando llegamos a Efesios 2.18, alcanzamos una de las cumbres de las Escrituras, cuyo secreto se encuentra en tres palabras: *por medio, por* y *al.* En este corto versículo se halla el misterio de la Trinidad respecto a nuestra vida de oración.

Las oraciones deben ofrecerse «al Padre». Él es el autor e iniciador de nuestra salvación. Deben ofrecerse «por medio de él [el Hijo]». Él es aquel que vino a cumplir con el plan de redención de Dios a través de su muerte vicaria y voluntaria en la cruz y su resurrección de la tumba. Por último, nuestras oraciones se ofrecen «por un mismo Espíritu». Él es aquel que nos convence de pecado, nos empodera para servirle y nos ayuda en nuestra vida de oración. El Padre, el Hijo y el Espíritu Santo trabajan juntos para que usted y yo tengamos acceso a Dios.

LA FUENTE DE LA ORACIÓN

La oración es «al Padre». Toda oración verdadera empieza cuando declaro mi relación personal con él y comienzo a conocerlo y a amarlo en la intimidad de Padre e hijo. En lo personal, esta relación inició cuando tenía diecisiete años y acepté a Cristo como mi Salvador personal. Después de ese día, he llegado a conocerlo como mi Padre celestial. Él es la fuente de nuestra vida de oración.

La única manera en que podemos llamar a Dios «Padre» es naciendo de nuevo espiritualmente en su familia, por medio de lo que Jesús llamó «nacer de nuevo» (Juan 3.7). Puede que algunos se sorprendan al saber que no todos somos hijos de Dios. Todos somos creación de Dios, pero la Biblia menciona claramente que «a todos los que lo recibieron, les dio el derecho de llegar a ser hijos de Dios» (Juan 1.12). Y Pablo en su carta a los gálatas lo deja perfectamente

> La única manera en que podemos llamar a Dios «Padre» es naciendo de nuevo espiritualmente en su familia.

claro cuando dice que nos convertimos en hijos de Dios «mediante la fe en Cristo Jesús» (Gálatas 3.26).

Los escritores de los evangelios registran que más de setenta veces Jesús comienza a orar usando la palabra *Padre*. Qué privilegio poder reconocer que él es la fuente de la oración al dirigirnos a él como Padre. Cuando oramos, no estamos tratando de apaciguar a un padre exigente, sino que somos hijos que, a causa de nuestra relación con él, podemos acercarnos con confianza ante el trono de nuestro Padre (Hebreos 4.16).

EL CAUCE DE LA ORACIÓN

Si el Padre es la fuente de la oración, el Hijo es el cauce por medio del cual pasamos para dar a conocer nuestras peticiones. La oración es «por medio del Hijo». De hecho, no tenemos acceso al Padre si no es por medio de él. El apóstol Pablo lo deja claro: «Porque hay un solo Dios, *y* también un solo Mediador entre Dios y los hombres, Cristo Jesús hombre, quien se dio a sí mismo en rescate por todos» (1 Timoteo 2.5-6). Fuera de Cristo, no tenemos acceso a Dios.

Jesucristo es nuestro Sumo Sacerdote. En la antigua dispensación, en el Día de Expiación, el sumo sacerdote tomaba la sangre de un becerro expiatorio, entraba detrás del velo del Lugar Santísimo y rociaba la sangre sobre el propiciatorio del arca. Jesucristo, el Cordero de Dios, hizo el último sacrificio por el pecado. Derramó su sangre en la cruz, murió y resucitó al tercer día, atravesó los cielos y presentó su propia sangre ante el trono de Dios. Con razón Pablo dijo: «Por medio de él tenemos acceso al Padre por un mismo Espíritu».

Es por medio de Cristo, no por medio de la iglesia, ni por medio de un sacerdote, ni por medio de la virgen María, sino solo por medio de él. Jesús es el cauce de la oración genuina.

LA FUERZA DE LA ORACIÓN

Una oración eficaz y poderosa es «por un mismo Espíritu». Si el Padre es la fuente y el Hijo el cauce, entonces el Espíritu constituye la fuerza detrás de todo. Es el Espíritu Santo intercediendo por nosotros y a través de nosotros quien nos empodera para orar con resultados. Judas nos recuerda que somos edificados en nuestra santísima fe cuando oramos «en el Espíritu Santo» (Judas v. 20).

El Espíritu Santo es aquel que «nos ayuda en nuestra debilidad. No sabemos orar como debiéramos» (Romanos 8.26). Podemos leer las maravillosas oraciones de los santos a través de las edades. Podemos recitar oraciones de memoria, pero sin el Espíritu Santo nunca seremos eficientes en nuestra vida de oración. Solo por medio de Cristo y «por un mismo Espíritu» podemos tocar al Padre en oración.

Acceder al Padre es el propósito de toda oración. Él es la fuente. Debemos pasar por su Hijo y ser empoderados por su Espíritu. «Pues *por medio de él* [Jesús] tenemos acceso *al Padre por un mismo Espíritu*».

19

PALABRA CLAVE: HIELO

Hoy, cuando vea un cubo de hielo en su vaso, recuerde que el H_2O puede encontrarse en tres formas: líquida, sólida o gaseosa. Tres manifestaciones de la misma agua. De igual modo, la santa Trinidad se manifiesta en tres personas: el Padre, que es la fuente de nuestra oración; el Hijo, que es el cauce de esta; y el Espíritu, que es la fuerza detrás de todo.

VERSÍCULO CLAVE

Porque hay un solo Dios, y también un solo Mediador entre Dios y los hombres, Cristo Jesús hombre, quien se dio a sí mismo en rescate por todos. (1 Timoteo 2.5-6)

5 LA ORACIÓN CONFORME A LA VOLUNTAD DE DIOS

«Pidan, y se les dará; busquen, y hallarán;
llamen y se les abrirá».

—MATEO 7.7

*L*a oración que logra resultados es aquella que hacemos en conformidad con la voluntad de Dios sobre un determinado asunto. El apóstol Juan nos recuerda que podemos confiar en el Señor y que «si pedimos cualquier cosa *conforme a Su voluntad*, Él nos oye. Y si sabemos que Él nos oye *en* cualquier cosa que pidamos, sabemos que tenemos las peticiones que le hemos hecho» (1 Juan 5.14-15, énfasis añadido).

En un monte de pastizales verdes de Galilea, nuestro Señor nos enseñó los tres niveles de la oración que acompañan a los creyentes en crecimiento. Y cada uno de esos niveles está directamente relacionado con la voluntad de Dios para nuestras vidas. En primer lugar, nos instruye a «pedir». Cuando conocemos la voluntad de Dios sobre una circunstancia o situación debemos simplemente pedir y «se [nos] dará». Si no sabemos cuál es la voluntad de él sobre un asunto específico por el que estamos orando, debemos «buscar» su voluntad. Y, cuando lo hacemos, él promete que la «hallaremos». Por último, si estamos seguros de su voluntad acerca de determinado asunto, pero no hemos visto la respuesta, Jesús nos instruye a «llamar», a seguir llamando y «se [nos] abrirá».

EL NIVEL DE PRESENTAR UNA PETICIÓN

Comenzamos con el nivel de *presentar una petición*. Debemos «pedir». Esto suena muy simple, pero es un comienzo difícil para algunas personas. Están las que son tan orgullosas y autosuficientes que rara vez piden algo a alguien. Por consiguiente, la idea de pedirle a Dios no surge con facilidad.

Pedir... esta pequeña palabra de cinco letras y dos sílabas es una de las más importantes de la vida. Aquellos que trabajan en ventas no tienen éxito hasta que le piden al consumidor que compre. Pocos políticos serían elegidos a menos que pidan los votos y el apoyo de la gente. A los médicos se les dificultaría llegar a un diagnóstico si no pidieran información al paciente a través de una serie de preguntas. La mayoría de las cosas que hemos aprendido es porque entendimos la importancia de hacer preguntas.

Jesús era muy consciente de este hecho; por lo tanto, nos revela que el primer nivel de la oración es sencillamente «pedir». Y cuando pedimos «conforme a Su voluntad», promete que «se [nos] dará». Esto no significa que recibiremos lo que sea que pidamos. Hay ocasiones cuando le pedimos a Dios cosas que no nos favorecen. Cualquiera de nosotros que haya criado a sus hijos, en ocasiones, ha negado cosas que han pedido porque sabía qué era lo mejor para ellos en ese momento. Para serle franco, estoy agradecido de que Dios no me haya concedido todo lo que le he pedido a lo largo de los años. Hubo veces en las que con sinceridad le he pedido algo que en ese momento deseaba profundamente. Pero, en retrospectiva, me las negó porque él tenía algo mucho mejor para mí.

Cuando oramos en el nivel de presentar una petición, la clave es conocer y tener la seguridad de cuál es la voluntad de Dios en determinado asunto. Y cuando esto ocurre, «pidan, y se les dará».

EL NIVEL DE INSISTENCIA CON LA PETICIÓN

El siguiente nivel es el de *insistencia con la petición*. Jesús dice: «Busquen, y hallarán». Esta es la oración que hacemos cuando desconocemos cuál es la voluntad de Dios sobre un asunto determinado y buscamos hasta que la hallamos. Es para conocer la voluntad de Dios revelada en un asunto.

Constituye un nivel de oración más profundo. No se trata solo de pedir, sino que demanda el sacrificio de una búsqueda intensa del corazón de Dios. Muchos creyentes nunca pasan de simplemente presentar una petición al nivel de insistencia con la petición en búsqueda de la voluntad de Dios. Esta es la oración que se combina con la Palabra de Dios, a fin de conocer su voluntad. Como dijo Pablo: «Que la palabra de Cristo habite en abundancia en ustedes, con toda sabiduría» (Colosenses 3.16). Continúe buscando, afírmese en su promesa ¡y hallará!

EL NIVEL DE PERSEVERAR
CON UNA PETICIÓN

El nivel más alto de la oración es el de *perseverar con una peti-ción*. «Llamen y se les abrirá». Llamar implica perseverancia, tal como vemos en la historia de Jesús sobre el hombre que fue a la casa de su amigo a la media-noche y continuó llamando a la puerta hasta que este le abrió (Lucas 11.5-8).

> «Llamen y se les abrirá».
>
> MATEO 7:7

Es la oración que hacemos cuando nos sentimos seguros de que conocemos la voluntad de Dios sobre un asunto determinado, pero aún no hemos visto la respuesta. Persistimos en la oración. El tiempo verbal sugiere que es una acción continua. Debemos seguir llamando.

Aquellos de nosotros que hemos tenido hijos sabemos que cuando son pequeños se les enseña a «pedir». A medida que van creciendo, les enseñamos a «buscar» conforme a sus deseos. Y, como sabemos qué es lo mejor para ellos, los ani-mamos a que muestren un verdadero entusiasmo hasta que las puertas se les abran. En algunos hogares, los problemas surgen porque los padres nunca les permiten a sus hijos supe-rar el primer nivel. Se les da todo lo que piden y nunca se les enseña a buscar... mucho menos a llamar.

Estos tres niveles de la oración están relacionados con la voluntad de Dios para nuestras vidas. Si conocen la volun-tad de Dios sobre un asunto determinado, «pidan, y se les dará». Si la desconocen, «busquen, y hallarán». Si están seguros de cuál es la voluntad de Dios referente al asunto por el que están orando, pero no han recibido una respuesta, no se rindan; continúen llamando «y se les abrirá».

PALABRA CLAVE: PUERTA

Cuando se encuentre con una puerta cerrada hoy, recuerde no solo la importancia de presentar una petición ante Dios, sino también de avanzar en su insistencia con esa petición y, además, persistir en ella. Usted tiene las promesas de Dios de su lado; recibirá, hallará y se le abrirá.

VERSÍCULO CLAVE

Si pedimos cualquier cosa conforme a Su voluntad, Él nos oye. Y si sabemos que Él nos oye en cualquier cosa que pidamos, sabemos que tenemos las peticiones que le hemos hecho. (1 Juan 5.14-15)

6   NUESTRO COMPAÑERO DE ORACIÓN

«También el Espíritu nos ayuda en nuestra debilidad. No sabemos orar como debiéramos, pero el Espíritu mismo intercede por nosotros con gemidos indecibles. Y aquel que escudriña los corazones sabe cuál es el sentir del Espíritu, porque Él intercede por los santos conforme a la voluntad de Dios».

—ROMANOS 8.26-27

¿Alguna vez tuvo un compañero de oración, el que compartía sus necesidades, con el que se ponía de acuerdo sobre un determinado asunto, el que creía con usted en busca de la respuesta a sus necesidades de oración más profundas? Tengo buenas noticias. Ya tiene a esa persona y está con usted todo el tiempo, examinando lo más recóndito de su corazón, ayudándolo en su debilidad e intercediendo por usted conforme a la voluntad del Señor. Su dulce nombre es el Espíritu Santo y vive en cada creyente.

La Biblia enseña que su cuerpo es el «templo del Espíritu Santo» (1 Corintios 6.19). El término griego que se tradujo como «templo» en este versículo significa el santuario interior, el Lugar Santísimo. Su mismo cuerpo es el «lugar santo» del Espíritu Santo. Piense al respecto por solo un momento. El Espíritu Santo, que mora en usted, se postra en el altar de su corazón. Usted es su lugar de adoración. Él hace en su cuerpo lo que el Hijo hace delante del Padre: intercede. El Espíritu Santo es nuestro compañero personal de oración, y podemos aprender más sobre él y su ministerio en nosotros al hacerle varias preguntas pertinentes.

> El Espíritu Santo es nuestro compañero personal de oración

LA PREGUNTA DEL *QUÉ*

¿Qué hace realmente el Espíritu? Nos «ayuda» a orar (Romanos 8.26). Esta palabra literalmente significa dar una mano y se usa solo una vez más en el Nuevo Testamento. La encontramos en Betania, cuando Marta le pidió al Señor que su hermana, María, la «ayude» en la cocina (Lucas 10.40). Eso es lo que el Espíritu hace por nosotros. Nos da una mano. Nos acompaña y participa en nuestras oraciones, haciéndonos la vida de oración más efectiva y eficaz.

La verdad es que somos débiles y necesitamos ayuda, en especial cuando se trata de orar. No encontramos ese tipo de ayuda en los libros ni en los diarios de oración. Tenemos un compañero de oración... en nosotros... ahora mismo... y al igual que alguien que toma un trapo de cocina y nos ayuda con los platos, el Espíritu nos «ayuda» en nuestra vida de oración.

LA PREGUNTA DEL *DÓNDE*

¿Dónde nos ayuda el Espíritu Santo? En nuestras «debilidades». A veces, esa palabra se traduce en las Escrituras como «lisiado» o «inválido». La realidad es que muchos de nosotros no estamos muy saludables cuando se trata de tener una vida de oración efectiva. Jesús lo sabía. Después de todo, sus propios discípulos no pudieron velar ni orar con él durante una hora en su momento de mayor necesidad. Así que le envió a cada creyente un compañero de oración, el Espíritu Santo, para ayudarnos en donde somos débiles.

Sin embargo, solo porque alguien esté allí para ayudarnos no significa que lo dejemos. Algunos de nosotros somos demasiado orgullosos para admitir nuestras debilidades, mucho menos que necesitamos ayuda. Lamentablemente, algunos «resisten siempre al Espíritu Santo» (Hechos 7.51), otros «[entristecen] al Espíritu Santo» (Efesios 4.30) al no reconocer nunca que lo necesitan y otros «[apagan al] Espíritu» (1 Tesalonicenses 5.19) cuando continúan viviendo sin confesar sus pecados.

¿Qué hace el Espíritu Santo por nosotros? Nos ayuda. Y ¿en dónde nos ayuda? En nuestras debilidades. Esto nos lleva a la siguiente pregunta: ¿Por qué?

LA PREGUNTA DEL *POR QUÉ*

¿Por qué el Espíritu Santo nos ayuda es nuestras debilidades? Porque «no sabemos orar como debiéramos». La palabra griega traducida como «debiéramos» aparece más de cien veces en el Nuevo Testamento, y la mayoría de ellas se traduce como «tener que». Encontramos un ejemplo en el pasaje conocido de Juan 3.7: «Tienen que nacer de nuevo». Dios lleva a cabo sus planes por medio de las oraciones de su pueblo. Por lo tanto, tenemos que orar. No solo debemos orar, ¡sino que tenemos que orar!

Es evidente que no siempre sabemos cómo debemos orar. Incluso Pablo oró tres veces en 2 Corintios 12 para que le fuera quitada su «espina en la carne». La verdad es que a menudo no sabemos orar como debiéramos porque no podemos ver el futuro. Necesitamos ayuda. Somos débiles. Como nuestros propios hijos, a veces se nos dificulta discernir entre lo que necesitamos y nuestros deseos, y no sabemos con certeza qué es en realidad lo mejor para nosotros.

En el idioma del Nuevo Testamento, encontramos un artículo definido delante de «qué» aquí en Romanos 8.26 como si transmitiera que no sabemos el «qué» por el cual orar. Esto no es solo algo general sobre nuestras oraciones, sino una necesidad muy específica por la que requerimos ayuda para orar. Tenemos a un compañero de oración que nos asiste, en nuestras debilidades, porque no sabemos «qué» pedir como debiéramos.

LA PREGUNTA DEL *CÓMO*

Por último, ¿cómo nos ayuda a orar el Espíritu Santo? Él «intercede» por nosotros. Es decir, aboga por nosotros delante del trono del Padre. Este pensamiento es muy semejante al del buen samaritano que encontró a un hombre en problemas, golpeado, al costado del camino. Se involucró, intercedió a su favor, lo llevó a un mesón, pagó su cuenta y suplió sus necesidades (Lucas 10.25-37). De esa manera, el Espíritu Santo se mueve en nuestra vida de oración. Somos débiles. No sabemos orar como debiéramos. Entonces, él llega para ayudarnos, abogando a nuestro favor.

La clave para entender cómo nos «ayuda» el Espíritu es que él conoce la mente de Dios y siempre ora «conforme a la voluntad de Dios» (Romanos 8.27). Él nos guía a cumplir su voluntad para nuestras vidas. Y podemos conocer su voluntad a través de las Escrituras y por medio del Espíritu. Sabemos con certeza que muchas cosas son la voluntad de Dios porque la Biblia lo expresa claramente. Pero en otros asuntos, quizás no estemos seguros. En este punto, el Espíritu nos ayuda «porque Él intercede por los santos conforme a la voluntad de Dios».

Por esa razón a la Biblia se le llama la «espada del Espíritu» (Efesios 6.17). Necesitamos a ambos. Algunos tienen la Biblia, pero no están conscientes del Espíritu. Otros poseen el Espíritu, pero sin las Escrituras. A fin de conocer la voluntad de Dios, debemos confiar en su Palabra revelada y rendirnos al Espíritu Santo, porque él siempre intercede por nosotros conforme a la voluntad de Dios.

PALABRA CLAVE: COCINA

Hoy, cuando entre a su cocina para preparar la comida o lavar los platos, recuerde que al igual que Marta necesitaba la ayuda de María, también el Espíritu Santo está en usted para ayudarlo en su debilidad, porque no sabemos orar como conviene sobre un determinado asunto.

VERSÍCULO CLAVE

¿O no saben que su cuerpo es templo del Espíritu Santo que está en ustedes, el cual tienen de Dios, y que ustedes no se pertenecen a sí mismos? (1 Corintios 6.19)

7   UN RELATO DE DOS ORACIONES

«Dos hombres subieron al templo a orar; uno era fariseo y el otro recaudador de impuestos. El fariseo puesto en pie, oraba para sí de esta manera: "Dios, te doy gracias porque no soy como los demás hombres: estafadores, injustos, adúlteros; ni aun como este recaudador de impuestos. Yo ayuno dos veces por semana; doy el diezmo de todo lo que gano". Pero el recaudador de impuestos, de pie y a cierta distancia, no quería ni siquiera alzar los ojos al cielo, sino que se golpeaba el pecho, diciendo: "Dios, ten piedad de mí, pecador".

Les digo que este descendió a su casa justificado pero aquel no; porque todo el que se engrandece será humillado, pero el que se humilla será engrandecido».

—LUCAS 18.10-14

Los maestros sabios son aquellos que buscan mostrarles a sus estudiantes una verdad profunda en lugar de exponerla únicamente. Jesús era el maestro de la narración. Muchas de las lecciones que se repiten con mayor frecuencia fueron aquellas que contó en parábolas, historias que ofrecían significados más profundos en sus narraciones. En la parábola del fariseo y el publicano nos enseñó algunos de los principios de la oración más directos y conmovedores al comparar a dos personas, dos oraciones y dos paradojas.

JESÚS ANALIZA A DOS PERSONAS

En la parábola se menciona a un fariseo que fue a orar. Los fariseos eran los formalistas estrictos y rígidos de su época, conocidos por la manera en que a menudo llamaban la atención al presumir sus vestiduras eclesiásticas cuando caminaban en medio de las multitudes. Muchas personas que se mencionan en el Nuevo Testamento, tales como Nicodemo y Pablo, tenían raíces en el pensamiento farisaico.

Al fariseo se le unió un publicano, un recaudador de impuestos. En Jerusalén, durante el primer siglo, este tipo de persona se encontraba entre las más despreciadas. Era un judío que recolectaba los impuestos romanos entre su propio pueblo. La corrupción y el cobro excesivo de impuestos iban de la mano con su trabajo. Nunca sabremos a cuánta gente defraudó el publicano de nuestra parábola. Siempre serán una incógnita las veces que tomó la única vaca de alguien atrasado con el pago de sus impuestos o le quitó los muebles de la casa a alguna viuda necesitada.

Jesús comienza a comparar a estas dos personas que fueron a orar: uno era venerado por el hombre y el otro era insultado por la mayoría de los judíos de Jerusalén del primer siglo.

JESÚS EXAMINA DOS ORACIONES

Jesús comienza afirmando que el fariseo se puso «en pie» en el lugar donde podía ser visto fácilmente. Me lo imagino con los brazos extendidos mientras alzaba su voz en oración. Note que Jesús observó que él oraba «para sí». La mayoría de nosotros hemos oído oraciones de ese tipo, cuando tuvimos la impresión de que el intercesor no estaba hablando con Dios sino informándose a sí mismo y a otros de su propia grandeza. Podemos encontrar cinco instancias del uso del pronombre personal *yo* en esta petición de dos oraciones. «Te doy gracias... no soy como los demás hombres... Yo ayuno dos veces por semana... doy el diezmo... de todo lo que gano». Los fariseos siempre se miden a sí mismos según los estándares humanos, «como los demás hombres», en contraste con los estándares de Dios, según la justicia perfecta de Cristo. Este hombre no fue al templo a orar, sino a informar a Dios de lo maravilloso que él era.

> Este hombre no fue al templo a orar, sino a informar a Dios de lo maravilloso que él era.

Compare esta oración con la del recaudador de impuestos. Puesto «de pie y a cierta distancia» se consideraba tan indigno que «no quería ni siquiera alzar los ojos al cielo». En un momento de profundo remordimiento y arrepentimiento, «se golpeaba el pecho» y rogaba: «Dios, ten piedad de mí, pecador».

El mensaje es claro. Dios mira el corazón. Aquellos llenos de orgullo están simplemente cegados ante la realidad espiritual. Es más importante lo que somos cuando oramos y cómo oramos que lo que expresamos con nuestras palabras.

JESÚS EXPLICA DOS PARADOJAS

Con respecto al fariseo, nuestro Señor afirma: «Todo el que se engrandece será humillado». Es decir, para llegar abajo ¡hay que empezar por arriba! Las personas semejantes al fariseo pronto aprenden que deberían haber procurado la aprobación de Dios más que la de los hombres. Dios tiene su propia manera de humillar a aquellos cuyo orgullo domina sus vidas.

En cuanto al publicano, nuestro Señor expresa: «El que se humilla será engrandecido». O sea, para llegar arriba, ¡hay que empezar por abajo! Con humildad, el recaudador de impuestos solo buscó la aprobación de Dios en su oración, por lo que Jesús dijo: «Les digo que este descendió a su casa justificado pero aquel no».

Lucas registró esa parábola de Jesús para la posteridad. Es una lección que cada uno de nosotros necesita leer y tener en cuenta. Es un relato de dos personas. Quizás, al igual que el recaudador de impuestos, usted haya cometido algunos errores por los cuales se siente realmente arrepentido. Un fracaso no lo convierte en un fracasado. Puede volver a intentar. Es un relato de dos oraciones. Cuando ore, recuerde que la actitud y la humildad contribuyen en gran medida a agradar a Dios. Y es un relato de dos paradojas. Es una verdad que permanece, «todo el que se engrandece será humillado». Y todo «el que se humilla será engrandecido». Que ese recaudador de impuestos pueda convertirse en su compañero de oración y que usted también vaya a su casa justificado.

PALABRA CLAVE: IMPUESTOS

La próxima vez que se ocupe de sus impuestos o note la cantidad de impuestos deducibles de su recibo de sueldo, recuerde esta parábola de Jesús. Que la oración de ese recaudador pueda ser para usted un modelo; y, recuerde siempre, para llegar arriba, ¡hay que empezar por abajo!

VERSÍCULO CLAVE

Porque todo el que se engrandece, será humillado; y el que se humille será engrandecido. (Lucas 14.11)

8 UNA ORACIÓN PARA UN NUEVO COMIENZO

Ten piedad de mí, oh Dios [...] borra mis transgresiones. Lávame
[...] límpiame. Porque yo reconozco mis transgresiones, y mi
pecado está siempre delante de mí. Contra Ti, contra Ti solo
he pecado [...] Purifícame [...] lávame [...] crea en mí, oh Dios,
un corazón limpio [...] Restitúyeme el gozo de Tu salvación.
—SALMOS 51.1-12

*U*no tiende a preguntarse cómo el rey David, a la luz de semejantes errores —entre ellos el notorio adulterio con Betsabé— pudo terminar siendo tal gigante espiritual, produciendo salmos inspiradores que honran a Dios. Pero al leer su oración de arrepentimiento en Salmos 51, todo asombro desaparece pronto. En esas palabras, dejó expuesto su corazón ante Dios y ante nosotros. Su alma estaba enferma a causa del pecado. Se dio cuenta de que ese pecado estaba en el centro mismo de tantas vidas destrozadas y arruinadas, y aprendió a lidiar con él y a apartarlo.

El salmo 51 constituye un paradigma para el tipo de oración que conduce al perdón, la cual surge del verdadero arrepentimiento. El arrepentimiento no es simplemente remordimiento, sentirnos apenados por nuestros pecados. El joven rico en Lucas 18.18-23 se fue triste, pero no se arrepintió. No es solo lamentarse. Poncio Pilato lamentó la muerte de Jesús, como vemos en Mateo 27.24, pero no hay prueba de que se haya arrepentido. No se trata de restitución, de dar vuelta a la página. Judas restituyó. Devolvió las treinta monedas de plata a los sacerdotes, pero no se arrepintió (Mateo 26.14-16). El arrepentimiento es un verdadero cambio en nuestra forma de pensar, el cual provoca un cambio de volición que luego resulta en una modificación de nuestras acciones. En ningún otro lado se retrata de una manera más gráfica e instructiva que aquí en esta oración de David.

Este salmo ha reconfortado a los cristianos a través de los siglos señalando que si el rey David pudo hallar perdón y un nuevo comienzo, también nosotros podemos. Eso puede suceder cuando, al igual que David, damos tres pasos importantes: asumimos la responsabilidad, procuramos la reconciliación y aceptamos el proceso de restauración.

ASUMA UNA RESPONSABILIDAD PERSONAL

En los primeros seis versículos de Salmos 51, encontramos a David asumiendo una *responsabilidad personal*. Algunos jamás encuentran un lugar de nuevos comienzos porque se rehúsan a asumir la responsabilidad personal de su pecado. En su opinión, sus errores son siempre culpa de alguien más. Escuche a David al rogar por misericordia. Él sabía que era responsable de su pecado e indigno de la gracia y del perdón de Dios, así que su apelación fue basándose en la misericordia de Dios. Asumió la responsabilidad. Note los intensos pronombres de esta oración: «Mis trasgresiones [...] mi pecado [...] mi iniquidad».

David se dio cuenta de que el pecado nos acosa. Él reconoció: «Mi pecado está siempre delante de mí». Dondequiera que él iba veía al fantasma de su pasado funesto y culposo. Cuando pasaba por un cementerio, veía la tumba de Urías, el esposo de Betsabé. Lo veía cada mañana en los ojos heridos de Betsabé y en las miradas cínicas de Joab, su leal confidente y líder militar. Los sirvientes sabían. Todos sabían. El pecado estaba siempre delante de él.

También era plenamente consciente de cómo el pecado no solo nos acosa, sino también nos persigue. Escúchelo decir: «Contra Ti, contra Ti solo he pecado». Lo que resultaba más inquietante sobre sus transgresiones era que no solamente se cometieron contra Urías, o Betsabé, o su bebé que falleció siendo muy pequeño; sus pecados eran principalmente contra Dios. Por tanto, expuso su confesión delante de él y ni una vez ofreció alguna justificación por sus errores. Suplicó ser perdonado. Nos mostró el camino de regreso a Dios a cada uno de los que vinimos después de él. Este comienza cuando, al igual que el rey, asumimos la responsabilidad personal de nuestro propio pecado.

> El pecado no solo nos acosa, sino también nos persigue.

PROCURE LA RECONCILIACIÓN

Después, vio la necesidad de una *reconciliación privada* con Dios. Le suplicó al Señor: «Purifícame [...] lávame [...] Esconde Tu rostro de mis pecados, y borra todas mis iniquidades. Crea en mí, oh Dios, un corazón limpio [...] Restitúyeme el gozo de Tu salvación» (Salmos 51.7-12). Cuando David le pidió a Dios que «creara» en él un corazón nuevo, utilizó la misma palabra que aparece en el primer capítulo de la Biblia, cuando se explica la actividad creadora de Dios, que es capaz de hacer algo de la nada. Nosotros nunca tendremos esa capacidad, no importa cuánto lo intentemos. Este es un asunto privado entre Dios y nosotros. La reconciliación es la respuesta de un Dios amoroso al verdadero arrepentimiento de su pueblo. David anhelaba ver el gozo de la salvación que una vez había conocido, ser restaurado por completo.

ACEPTE EL PROCESO DE RESTAURACIÓN

El proceso del reconocimiento personal y la reconciliación privada condujo a David a una *restauración pública*. El recién perdonado rey comenzó a rogar a favor de otros. Continuó su oración prometiendo «[enseñar] a los transgresores Tus caminos, y los pecadores se convertirán a Ti» (v. 13). Una vez perdonado, David irrumpió en alabanza a Dios diciendo: «Abre mis labios, oh Señor, para que mi boca anuncie Tu alabanza» (v. 15). Durante meses, sus labios habían estado sellados por la culpa, rehusándose a admitir o a reconocer sus errores. Sin embargo, como todo aquel que ha probado el perdón de Dios, cuando David confesó su pecado y resultó perdonado, su primer impulso fue no retener la alabanza hacia su amoroso y misericordioso Señor.

Aquí hay una lección valiosa para cada uno de nosotros. Todo lo que encubramos, Dios lo dejará al descubierto. El pecado lo acosará, lo perseguirá y finalmente quedará revelado para que todos lo vean. Pero está la otra cara; y son buenas noticias. David aprendió que todo lo que descubramos, Dios lo cubrirá... y nos guiará con un nuevo corazón a un nuevo comienzo.

PALABRA CLAVE: CUBRECAMAS

Esta noche, cuando extienda el cubrecama sobre su cuerpo a la hora de dormir, recuerde que cuanto más trate de encubrir su propio pecado, más posibilidades habrán de que sea descubierto. Pero cuando lo descubra delante de Dios, él lo cubrirá con perdón delante del mundo que lo rodea. Y eso, mi amigo, son buenas noticias.

VERSÍCULO CLAVE

El que encubre sus pecados no prosperará, pero el que los confiesa y los abandona hallará misericordia. (Proverbios 28.13)

9 LA VERDADERA CONFESIÓN

*«Si confesamos nuestros pecados, Él es fiel y justo para
perdonarnos los pecados y para limpiarnos de toda maldad».*
—1 JUAN 1.9

*E*l Señor se ocupa de nuestro pecado desde el momento
en que nos convertimos, por medio de su obra completa en la cruz. Por eso leemos en 1 Juan 1.7: «La sangre de
Jesús Su Hijo nos limpia de todo pecado». Note que «pecado»
está en singular, ya que indica nuestra naturaleza pecaminosa inherente. Pero ¿qué hay de nuestros «pecados»? El hecho
de que confiemos en Cristo no significa que ya no cometeremos transgresiones, pecados (plural). Estos se deben tratar
mediante la confesión continua: «Si confesamos nuestros pecados, Él es fiel y justo para perdonarnos los pecados».

Quizás ninguna otra palabra en nuestro vocabulario
cristiano sea tan mal entendida y aplicada como *confesión*.
Algunos piensan que significa remordimiento; es decir,
sentirse apenado por nuestro pecado. Otros confunden la
confesión con el lamento, o sea, simplemente retractarse por
la comisión de algún acto pecaminoso. Incluso están los que
confunden la confesión con la restitución, es decir, tratar de
dar vuelta a la página y comenzar de nuevo. La única manera
de hallar el perdón de Dios es a través de la verdadera confesión. Por eso el apóstol Juan en este capítulo señala tres pasos

importantes para encontrar el perdón de Dios. Él argumenta que el perdón es condicional, confesional y continuo.

EL PERDÓN ES CONDICIONAL

El perdón es algo condicional, incluye un gran *si*. «*Si* confesamos nuestros pecados, Él es fiel y justo para perdonarnos los pecados». Muchas promesas de Dios en la Biblia están condicionadas a nuestras acciones y, en algunos casos, a nuestras reacciones. Tome como ejemplo la tan repetida promesa de 2 Crónicas 7.14: «*Si* se humillare mi pueblo, sobre el cual mi nombre es invocado, y oraren, y buscaren mi rostro, y se convirtieren de sus malos caminos; *entonces* yo oiré desde los cielos, y perdonaré sus pecados, y sanaré su tierra» (RVR1960, énfasis añadido).

Muchos de nosotros hemos vivido precedidos por un *si*. *Si tan solo tuviera más tiempo. Si tan solo no hubiera tomado esa mala decisión. Si solo… si solo*. Como mencioné, el perdón de nuestros pecados depende de un gran *si*: *si* confesamos nuestros pecados, él es fiel para perdonarnos. El perdón está condicionado a nuestra confesión de pecado. Sin ella no hay perdón.

EL PERDÓN ES CONFESIONAL

La confesión no significa solo admitir lo que hemos hecho y sentirnos apenados por ello. El término *confesar* en 1 Juan 1.9 traduce una palabra compuesta en griego que literalmente significa «decir lo mismo que Dios» o, para expresarlo de un modo más sencillo, «estar de acuerdo con Dios». Cuando confieso me pongo de acuerdo con Dios en que el pecado es tan grave que requirió la cruz. No se trata de algún vicio insignificante que puedo justificar al decir que los demás lo hacen. Intentamos evitar la confesión por todos los medios. Decimos: «Eso no es ira; es indignación justificada». O insistimos: «Eso no es lujuria. Es solo una mirada apreciativa». Pero la verdadera confesión se pone de acuerdo con Dios y llama al pecado por lo que es: pecado.

> Cuando confieso me pongo de acuerdo con Dios en que el pecado es tan grave que requirió la cruz.

Todo aquel que ha tenido hijos ha visto esta ilustración. Estamos sentados desayunando y alguien derrama un vaso de leche sobre la mesa. Todos se apresuran a pararse y comenzar a secar la mesa con sus servilletas... a excepción del culpable que, por lo general, pregunta: «¿Qué sucedió?». O alguien miente para cerrar un acuerdo y Dios pregunta: «¿Qué sucedió?». La respuesta rápida es la presión de la economía, seguida de otras excusas. La confesión se pone de acuerdo con el Dios de la verdad. Esta dice: «Yo derramé la leche»... «Yo mentí en el acuerdo».

La buena noticia es que el Señor Jesús está preparado y dispuesto para perdonar todos y cada uno de nuestros pecados, viejos hábitos, relaciones enredadas o lo que sea que nos aceche. *Si* recordamos que el perdón es condicional, que depende de nuestra confesión genuina, que significa estar de acuerdo con Dios.

EL PERDÓN ES CONTINUO

Existe una distinción entre la raíz (nuestro pecado) y el fruto (nuestros pecados). Jesús murió en la cruz (1 Juan 1.7) por nuestra naturaleza de pecado (singular). Cuando usted se convirtió a Cristo, no tuvo que confesar todos sus «pecados» a fin de ser salvo. ¿Quién entre nosotros podría siquiera llegar a recordar la mayoría de ellos?

La cruz se ocupó de nuestro «pecado», la confesión continua se encarga de nuestros «pecados», según 1 Juan 1.9. La confesión de los pecados debería ser continua, no con el fin de ser salvos, sino de tener comunión con el Padre. Los creyentes jamás podrán hacer algo que rompa su relación con Cristo, pero los pecados sin confesar pueden dañar nuestra comunión con él. El verbo en 1 Juan 1.9 expresa una acción continua. Es decir, no debemos cesar de confesar nuestros pecados. Esta debería ser la actitud constante del creyente.

¿Qué sucede cuando confesamos nuestros pecados a Dios? En un tribunal, cuando una persona culpable confiesa, es condenada y sentenciada. Pero con Dios, cuando le confesamos los pecados, hallamos total y completo perdón. ¿Cómo es posible? Su pecado ya ha sido castigado en el cuerpo de Cristo en la cruz y, según el carácter del Señor, «Él es fiel y justo» para perdonarlo. En verdad, Dios no solo es fiel, sino también justo. Para librarlo a usted de su propio pecado, tuvo que condenar a su propio Hijo, hacer que cargara con los pecados en su cuerpo sobre la cruz y sufriera allí por usted el castigo de Dios.

Cuando nuestra hija era joven, recibía lecciones de piano. Al practicar una nueva canción, lograba tocar bien la primera parte y luego cometía un error. Comenzaba de nuevo... hasta llegar a la misma parte y cometer el mismo error, momento en el cual repetía todo el proceso una y otra vez. Algunos de nosotros hemos intentado comenzar en la vida muchísimas veces. Pero no necesitamos un nuevo comienzo más fuerte. Ya sabemos de memoria esos primeros compases de la vida cristiana. Necesitamos seguir adelante, confesar nuestros pecados cuando cometemos un error y terminar la canción.

PALABRA CLAVE: MÚSICA

Hoy, cuando escuche una canción en la radio, recuerde que puede haber tropezado en la vida, cometido algunos errores, pero la confesión es lo que nos hace seguir adelante hasta la culminación de nuestra propia canción.

VERSÍCULO CLAVE

Te manifesté mi pecado, y no encubrí mi iniquidad. Dije: «Confesaré mis transgresiones al SEÑOR»; y Tú perdonaste la culpa de mi pecado. (Salmos 32.5)

10

LA ORACIÓN Y EL AVIVAMIENTO

«Si se humillare mi pueblo, sobre el cual mi nombre es
invocado, y oraren, y buscaren mi rostro, y se convirtieren
de sus malos caminos; entonces yo oiré desde los cielos,
y perdonaré sus pecados, y sanaré su tierra».
—2 CRÓNICAS 7.14, RVR1960

*H*ace poco, mientras pasaba por la cocina donde mi esposa estaba ocupada preparando la cena, captó mi atención una vieja tarjeta que se había puesto amarillenta por el paso de las décadas. Al mirarla detenidamente, me di cuenta de que era la letra de mi madre. Se trataba de su antigua receta para uno de mis platos favoritos durante mi infancia. Cuando se prepara al pie de la letra, sabe exactamente igual a como mi madre solía prepararlo.

En el corazón de cada uno de nosotros hay un anhelo por algo más, un tiempo de un nuevo refrigerio espiritual, un avivamiento. ¿Sabía que Dios tiene su propia receta para un avivamiento en nuestros corazones? La ha escrito para todos nosotros: «Si se humillare mi pueblo [...] y oraren [...] entonces yo oiré desde los cielos». Cuando se hace exactamente lo que indica esta receta y se pone en práctica, nos permitirá elevarnos a nuevas regiones espirituales que algunos de nosotros nunca hemos conocido. La receta de Dios emplea cuatro pasos.

EL DESEO DE DIOS

«Si se humillare mi pueblo [...] entonces...». Dios está esperando, dispuesto, incluso anhelando enviar un nuevo espíritu de avivamiento sobre su pueblo. Sin embargo, aunque en el sentido más puro, el avivamiento es siempre una obra soberana del Dios todopoderoso y, como toda receta, viene con algunas condiciones. Es condicional. La Biblia dice: «Si se humillare *mi* pueblo...». El avivamiento comienza con nosotros, aquellos nacidos en su familia, y no con el mundo perdido a nuestro alrededor. Si se cumplen ciertas condiciones, en verdad se lograrán determinados resultados.

Existe una razón concreta por la cual un avivamiento personal no es un milagro caído del cielo, simplemente porque Dios responde sus promesas si su pueblo cumple con las condiciones. El deseo de Dios es enviar un viento fresco de su Espíritu sobre mí... y sobre usted.

EL DESIGNIO DE DIOS

El avivamiento personal depende del propio pueblo de Dios. Es un asunto familiar. Aquí se está dirigiendo a «mi pueblo». Comienza con cada uno de nosotros. Lea la historia de alguno de los grandes despertares que sacudieron regiones y culturas del mundo y descubrirá que, por lo general, se iniciaron cuando un hombre, o una mujer, llegaron a una profunda convicción y buscaron con fervor ser ungidos con lo que el salmista llamó «aceite fresco» (Salmos 92.10).

El problema de Dios hoy en día no es con una cultura perdida, sino con su propio pueblo que fue llamado por su nombre. Aunque muchos señalan que la decadencia de nuestra cultura es el resultado del decaimiento de nuestros valores morales y la influencia de los factores seculares que tanto nos rodean en la política, Dios revela que el verdadero problema no es con «ellos» sino con «nosotros». O, como Jesús dijo una vez, deberíamos dejar de tratar de sacar la paja del ojo ajeno hasta que primero quitemos la viga de nuestro propio ojo (Mateo 7.3-5). El designio de Dios para un avivamiento comienza con nosotros y con todo el pueblo de Dios.

LA PETICIÓN DE DIOS

La petición de Dios comienza con un llamado para que su propio pueblo se humille, al reconocer y confesar su necesidad de buscarle a él por sobre todas las cosas. Debemos estar en una vigilia constante para evitar caer en la tentación del orgullo espiritual que resulta en egocentrismo. La verdadera humildad implica un espíritu quebrantado delante del Señor.

> La verdadera humildad implica un espíritu quebrantado delante del Señor.

En segundo lugar, tenemos que orar. Este no es un llamado a la mera recitación de oraciones, sino a un ferviente clamor a él. La oración es guerra. La vida de oración de muchos cristianos puede resumirse en las primeras cuatro palabras de Efesios 6.12: «Porque no tenemos lucha» (RVR1960). Cada verdadero avivamiento en la historia ha nacido en un lugar de oración. Leemos acerca de la iglesia primitiva que «después que oraron, el lugar donde estaban reunidos tembló, y todos fueron llenos del Espíritu Santo y hablaban la palabra de Dios con valor» (Hechos 4.31).

Luego, Dios pide que «[busquemos su] rostro». Si pasáramos tanto tiempo en oración buscando su rostro como cuando buscamos sus manos para que nos ayude, estaríamos mucho más cerca de un avivamiento personal. Y eso no es todo. También pide que se conviertan «de sus malos caminos». Los pecados sin confesar y, por consiguiente, sin perdonar son los mayores obstáculos de un avivamiento. Salomón, que sabía esto por experiencia propia, nos recuerda: «El que encubre sus pecados no prosperará, pero el que *los* confiesa y *los* abandona hallará misericordia» (Proverbios 28.13). Note que no es suficiente lamentarnos por nuestros pecados, ni siquiera confesarlos; también debemos abandonarlos en un acto de verdadero arrepentimiento.

EL DELEITE DE DIOS

Dios se deleita en perdonar nuestros pecados. Él promete: «Yo oiré desde los cielos, y perdonaré sus pecados, y sanaré su tierra». De hecho, se deleita más en sanar nuestros corazones y hogares que nosotros mismos, porque se apropia de su sacrificio en la cruz, de modo que —en lo que a nosotros respecta— su muerte no haya sido en vano. Está dispuesto, esperando y anhelando ser fiel a su promesa cuando acudimos a él según sus condiciones.

Si mi hija y yo tuviéramos un malentendido o ella hiciera algo que quebrantara nuestra comunión, mi corazón anhelaría que esa relación fuera restaurada. Si ella se acercara a mí en quebranto y humildad, me pidiera perdón y me mirara amorosamente, ¿cómo cree que yo respondería? Por supuesto que la perdonaría y la recibiría con un corazón y unos brazos abiertos. ¿Cuánto más su Padre celestial responderá de la misma manera?

Dios tiene una receta para el avivamiento. «Si se humillare mi pueblo [...] entonces yo oiré desde los cielos». La parte que nos toca no es tan difícil. Simplemente nos llama a seguir las instrucciones.

PALABRA CLAVE: CENA

Hoy, cuando se siente a cenar, recuerde que cualquier persona que haya preparado la comida siguió una determinada receta. Existe una receta para el avivamiento personal: humíllese, ore, busque su rostro, vuélvase de sus malos caminos. Y él oirá desde el cielo y lo recibirá con brazos abiertos.

VERSÍCULO CLAVE

¿No volverás a darnos vida para que Tu pueblo
se regocije en Ti? (Salmos 85.6)

11 ATRÉVASE A PEDIR

«Y en Gabaón el Señor se apareció a Salomón de noche en sueños, y Dios le dijo: "Pide lo que quieras que Yo te dé"».
—1 REYES 3.5

*D*urante mis días de escuela secundaria, tenía un empleo de fin de semana como vendedor en una tienda de zapatos. Nunca me voy a olvidar de las instrucciones que recibí del gerente en mi primer día. Me dijo: «Ante todo, cuando dejes que se prueben el calzado y les informes sobre sus características, no olvides cerrar la venta. Atreverse a pedir es lo que diferencia a los vendedores exitosos de los demás». Lo mismo ocurre con aquellos de nosotros que tenemos la tarea de recaudar dinero para causas dignas. Llega un momento cuando uno debe atreverse a pedir.

El joven Salomón estaba a punto de ser coronado rey del impresionante e inmenso imperio de su padre David. Aún no tenía veinte años y estaba por seguir los pasos de uno de los líderes y motivadores de hombres más importantes de la historia humana. En ese momento de su vida, su corazón era puro y prácticamente sin orgullo. Viajó a Gabaón con el propósito expreso de buscar la dirección de Dios. Y él se le apareció con esta exhortación: «Pide lo que *quieras que* Yo te dé».

¿Qué es lo que usted quiere? Lo que quiera quizás no sea lo que necesite, pero suele ser una buena indicación de dónde está su corazón. Y aquí yace un peligro mayor que no conseguir lo que uno quiere. Es querer algo, obtenerlo y luego darse cuenta de que no es lo que necesitaba.

Salomón recibió la respuesta correcta. Tenía sus prioridades en orden. No tuvo que pensar demasiado en una respuesta. De inmediato, respondió: «Da, pues, a Tu siervo un corazón con entendimiento para juzgar a Tu pueblo y para discernir entre el bien y el mal» (1 Reyes 3.9). El joven pidió tres cosas. Quería que Dios obrara con él, no con los demás; que obrara en él, no a su alrededor; y que obrara a través de él, no para él.

¡Pida! ¿Cuántas decenas de veces en los evangelios, oímos esta palabra salir de los labios de nuestro Señor? En casi cada página él nos invita a pedirle que supla nuestras necesidades. Esa simple palabra constituye una clave de la oración. Es trágico que muchas personas sean demasiado orgullosas como para pedir.

CUANDO ORE, PÍDALE A DIOS QUE OBRE *CON* USTED

Salomón le pidió a Dios que obrara con él, no con alguien más. Sabía que su mayor necesidad comenzaba en su propio corazón y no en el de otro.

Para algunos de nosotros, los problemas a los que nos enfrentamos siempre son culpa de alguien. Las esposas culpan a sus maridos, los hijos culpan a los padres y a veces culpamos a Dios. Si el antiguo himno hubiera existido en ese entonces, Salomón habría cantado: «No es mi hermano, ni mi hermana, sino yo, Señor el que necesita orar».

Pida. ¿Qué es lo que realmente quiere de Dios? Comience por pedirle que obre con usted... no con alguien más. En esencia, Salomón dijo: «Señor, deseo hacer las cosas bien. Quiero que obres conmigo en primer lugar».

CUANDO ORE, PÍDALE A DIOS QUE OBRE *EN* USTED

Salomón sabía que su mayor necesidad era interior, no exterior. Le pidió a Dios «un corazón con entendimiento». Con demasiada frecuencia intentamos cambiar el mundo con fuerzas externas. Somos propensos a pensar que el activismo social, gritar un poco más alto o golpear nuestras Biblias un poco más fuerte producirán un cambio, cuando lo que en verdad necesitamos es un cambio del corazón.

Este hombre pidió por algo en su interior que no poseía: sabiduría. Tenía la mejor educación que el dinero podía pagar, pero reconoció que había una diferencia entre el conocimiento y la sabiduría. El conocimiento es la acumulación de hechos; la sabiduría es la capacidad para asirlos, discernirlos y luego tomar las decisiones correctas a partir de ellos.

Una de nuestras mayores necesidades es «un corazón con entendimiento». Salomón pudo haber pedido cualquier cosa. Pero reconoció que su mayor necesidad era que Dios obrara en él y no solo fuera de él. Después de todo, si tenemos un corazón que puede oír a Dios, entender su voluntad y sus caminos para nuestras vidas, ¿qué más necesitamos para vivir bien? Pídale a Dios que obre en usted, no solo a su alrededor.

CUANDO ORE, PÍDALE A DIOS QUE OBRE *A TRAVÉS DE* USTED

Muy a menudo creemos que necesitamos pedirle a Dios que obre a nuestro favor, que nos bendiga, en lugar de pedirle que obre a través de nosotros para ser de bendición a otros. Salomón le pidió a Dios que obrara a través de él.

Quizás Dios le esté preguntando ahora mismo: «¿Qué quieres?». ¿Son la mayoría de sus peticiones diseñadas primeramente para beneficiarse usted mismo o para bendecir a otros? Piense al respecto. Salomón escogió lo mejor, y Dios le concedió el resto. El Señor dijo: «He hecho, pues, conforme a tus palabras. Te he dado un corazón sabio y entendido [...] También te he dado lo que no has pedido, tanto riquezas como gloria, de modo que no habrá entre los reyes ninguno como tú en todos tus días» (vv. 12-13).

No obstante, existe una triste posdata. Cuando sus bendiciones comienzan a ser más importantes que el dador de la bendición, puede dejar de oír a Dios. Salomón, bendecido con gran poder y sabiduría permitió que su enfoque comenzara a cambiar. Lentamente al principio, pero luego en su vejez llegó a la conclusión de que «vanidad de vanidades [...] todo es vanidad» (Eclesiastés 12.8). En Eclesiastés encontramos a un anciano cuyo corazón ya no podía oír la voz de Dios. Pero al final, escuche la sabiduría adquirida con esfuerzo de las últimas palabras de Salomón: «Acuérdate, pues, de tu Creador en los días de tu juventud [...] La conclusión, cuando todo se ha oído, *es esta*: Teme a Dios y guarda Sus mandamientos, porque esto *concierne* a toda persona» (Eclesiastés 12.1, 13).

¿Qué quiere? Pida. La buena noticia es que cuando escoge lo mejor, Dios hará más que bendecirlo.

PALABRA CLAVE: PEDIR

Hoy, cada vez que alguien le haga una pregunta o usted pida algo, recuerde que Dios lo invita a acercarse a él confiadamente y presentar su petición. Pídale que obre con usted, en usted y a través de usted.

VERSÍCULO CLAVE

Pídeme, y te daré las naciones como herencia Tuya, y como posesión Tuya los confines de la tierra. (Salmos 2.8)

12   LA ORACIÓN DE JABES

> *«Jabes invocó al Dios de Israel, diciendo: ¡Oh, si en verdad*
> *me bendijeras, ensancharas mi territorio, y tu mano*
> *estuviera conmigo y me guardaras del mal para que no*
> *me causara dolor! Y Dios le concedió lo que pidió».*
> —1 CRÓNICAS 4.10

*J*abes es un hombre que casi nadie conoce, escondido en el laberinto de quinientos nombres diferentes que figuran en los primeros capítulos de 1 Crónicas, muchos de los cuales son desconocidos e incluso impronunciables y olvidados. Casi nadie conocía a Jabes entonces, y pocos lo conocen ahora. Puede escribir su nombre y el corrector automáticamente cambia su ortografía a «James». Su biografía ocupa solo un par de docenas de palabras en toda la Biblia. Se le presenta en un versículo y luego, de un modo un tanto brusco, se omite en el siguiente. Y eso es todo. La Escritura nunca lo vuelve a mencionar.

Sin embargo, Jabes hizo una de las oraciones más conmovedoras y productivas de toda la Biblia. Las Escrituras mencionan que fue «más ilustre que sus hermanos» (1 Crónicas 4.9). No era uno más de los muchachos. Nunca voló como los gansos en formación; se elevó como un águila por encima de todos. Era proactivo y anhelaba experimentar todo lo que Dios tenía para él. Por lo tanto, nos dejó una oración que cada uno de nosotros debería hacerla propia. Oró por productividad: «Si en verdad me bendijeras, ensancharas mi territorio». Oró por poder: «Tu mano estuviera conmigo». Y oró por pureza: «*Me* guardaras del mal». Qué gran diferencia puede hacer esta oración cuando incorporamos su verdad a nuestras oraciones diarias.

JABES NOS ENSEÑA A *ORAR POR PRODUCTIVIDAD*

Oiga su súplica: «¡Oh, si en verdad me bendijeras, ensancharas mi territorio!». Le ruega a Dios por más oportunidades, más responsabilidad, más influencia. El «territorio» de una persona tiene que ver con su ámbito de influencia. Pablo nos recordó que hay un «campo que Dios nos ha asignado» (2 Corintios 10.13, NVI).

Jabes se concentró en lo que tenía por delante. No estaba conforme con su situación en ese momento ni con ninguna forma de mediocridad espiritual. Oraba con un espíritu de conquista, no contentándose con lo que era, sino enfocándose en lo que podía llegar a ser. Aprópiese de esta petición personal. Pídale a Dios que aumente su influencia en cada área de su vida, que «ensanche su territorio».

JABES NOS ENSEÑA A *ORAR POR PODER*

Continúa rogando para que la mano de Dios esté sobre él y con él: «Si en verdad me bendijeras, ensancharas mi territorio, y

Tu mano estuviera conmigo». En la Biblia, la mano de Dios es siempre un símbolo de su poder. Jabes era lo suficientemente sabio como para saber que si Dios no lo bendecía y le daba una mayor influencia, no podría avanzar con sus propias fuerzas; necesitaba la mano de Dios para depender de él con poder.

Una vez le pregunté a un estudiante de medicina cuál era el aspecto más interesante de la disección de un cadáver, que se exige en el primer año de la carrera. Sin dudarlo, el joven aspirante a médico dijo: «Diseccionar la mano del hombre». La mano es un apéndice increíble. Tantas expresiones emergen de la misma: dedos puntiagudos de acusación, puños cerrados de ira, manos unidas en oración o extendidas en señal de bienvenida. Pienso en lo que mis propias manos han hecho por mis hijas. Las sostenían cuando eran bebés, las llevaban cuando no podían caminar, las levantaban cuando caían, secaban sus lágrimas cuando estaban heridas, las disciplinaban cuando era necesario, les dieron miles de palmadas en sus espaldas, las aplaudían en conciertos y juegos demasiado numerosos para mencionar, y les señalaban el camino a través de las intersecciones de la vida. Mis niñas quieren que las manos de su padre estén a su lado.

Todo eso está implícito en la oración de Jabes. La mano de Dios puede hacer girar el picaporte de puertas que nunca puedo abrir; retener a los enemigos que no puedo enfrentar; empoderarme para hacer hoy aquello que no puedo lograr con mis propias fuerzas. Necesitamos el poder de Dios.

Necesitamos declarar esta oración: que la mano del Dios todopoderoso esté hoy sobre nosotros.

JEBES NOS ENSEÑA A *ORAR POR PUREZA*

Concluye su breve petición así: «Y *me* guardaras del mal». Note que no está haciendo una oración de *aislamiento* para que Dios alejara el mal de él, sino más bien una oración de *retraimiento*, es decir, para que *lo* guardara del mal. En esencia, oraba: «Señor, guárdame, protégeme y cuídame». Sabía que, aunque Dios lo bendijera, ensanchase su influencia y su mano estuviera sobre él, eso no le garantizaba que no cayera en tentación.

Jabes era lo suficientemente inteligente como para saber que, si caía en pecado, sus méritos serían en vano y sus ganancias personales se convertirían en posibles pérdidas. Cuántas veces hemos notado cómo una vida de logros e integridad puede perderse en un instante de placer sensual... y no a causa de que el mal viniera a la persona, sino lo contrario. Entonces, Jabes agrega: «Para que no me causara dolor». Procuró evitar afligir a otros a causa de sus propias acciones.

> Jabes era lo suficientemente inteligente como para saber que si caía en pecado, sus méritos serían en vano.

Esa es una oración maravillosa escondida dentro de las páginas de nuestra Biblia. Si no conociéramos el desenlace, nos preguntaríamos si no fue una petición egocéntrica. Pero vea el veredicto. «Y Dios le concedió lo que pidió». El Señor bendijo a Jabes. Ensanchó su territorio y su influencia; su mano de bendición estuvo sobre él y lo ayudó a permanecer puro y alejado del mal. Y él hará lo mismo por usted.

PALABRA CLAVE: MANO

Hoy, cuando lave sus manos o las use para tomar un libro o apuntar con un dedo el camino, recuerde esta oración: «Señor, que tus manos de bendición y restitución estén sobre mí». Sus manos llevan las cicatrices de los clavos para recordarle de su amor eterno por usted.

VERSÍCULO CLAVE

El Señor te bendiga y te guarde; el Señor haga resplandecer Su rostro sobre ti, y tenga de ti misericordia; el Señor alce sobre ti Su rostro, y te dé paz. (Números 6.24-26)

13   LA ORACIÓN EFECTIVA

«Oh Dios de mi padre Abraham y Dios de mi padre Isaac,
oh Señor, que me dijiste: "Vuelve a tu tierra y a tus familiares, y
Yo te haré prosperar". Indigno soy de toda misericordia y de toda
la fidelidad que has mostrado [...] Líbrame, te ruego, de la mano
de mi hermano [...] porque yo le tengo miedo [...] Porque Tú me
dijiste: "De cierto te haré prosperar, y haré tu descendencia como
la arena del mar que no se puede contar por su gran cantidad"».
—GÉNESIS 32.9-12

*U*na de las reconciliaciones más conmovedoras y sinceras que se haya registrado en los anales de la historia
de la humanidad acontece en Génesis 33.4: «Esaú corrió a su
encuentro [su hermano, Jacob] y lo abrazó, y echándose sobre su cuello lo besó, y ambos lloraron». Más de veinte años
antes, Jacob había engañado a su hermano, Esaú, quitándo-
le su preciada primogenitura. Por temor a las represalias,
huyó por su vida y vivió exiliado durante dos décadas ais-
lado de las amenazas de venganza de Esaú. ¿Qué causó ese
maravilloso cambio de actitud que convirtió los años de hos-
tilidad en una escena de lágrimas y besos? Fue Dios obrando
en los corazones de los implicados por medio de la oración
de Jacob. La oración produce cambios. Más aún, transforma
a las personas para que luego ellas originen cambios. Esta es
una oración efectiva.

En primer lugar, Jacob recurrió a Dios basado en una relación de pacto segura y establecida con él. Se dirigió al «Dios de mi padre Abraham y Dios de mi padre Isaac». Este pacto inquebrantable fue establecido con Abraham (Génesis 12.1-3), se repitió con Isaac (Génesis 17.19) y se transmitió a Jacob (Génesis 28.12-13). Jacob tenía una relación de pacto con Dios mismo. Y hay buenas noticias, también nosotros, por medio del nuevo pacto, tenemos una relación inquebrantable con él.

Toda oración verdadera empieza como comenzó Jacob, es decir, con un reconocimiento de nuestra relación de pacto con Dios por medio de Jesucristo. Algunos oran sin ver resultados sencillamente porque no han nacido de nuevo en su familia eterna ni entrado en una relación duradera con Dios, la cual nos permite acercarnos a él y decir: «Padre nuestro».

LA ORACIÓN EFECTIVA ES *ESCRITURAL*

Note que Jacob se aferró a la Palabra de Dios y declaró una promesa que él ya le había dado, cuando dijo: «Yo estoy contigo. Te guardaré por dondequiera que vayas y te haré volver a esta tierra» (Génesis 28.15). Ahora en su oración, se paró sobre esa promesa bíblica cuando se dirigió a Dios como el «Señor, que me dijiste: "Vuelve a tu tierra y a tus familiares, y Yo te haré prosperar"». Jacob se mantuvo firme en las promesas personales de Dios cuando oró. La Biblia está llena de las promesas de Dios para usted; encuentre una y aférrese a ella. La oración efectiva se basa en esas promesas.

LA ORACIÓN EFECTIVA ES *SINCERA*

Jacob continuó diciendo: «Indigno soy de toda misericordia y de toda la fidelidad que has mostrado». No se acercó a Dios en oración basado en su propio mérito. Evitó una actitud orgullosa y reconoció con sinceridad su total desmerecimiento delante de él.

> La Biblia está llena de las promesas de Dios para usted; encuentre una y aférrese a ella.

Cuando nos demos cuenta de que Dios no concede nuestras peticiones en función de lo que somos o de lo que podamos haber hecho, sino en función de lo que es Jesús y de lo que él ha hecho, nos presentaremos ante Dios como lo hizo Jacob y descubriremos, cuando miremos alrededor, que la sala del trono de la oración está cubierta con la sangre de Cristo y no con nuestras buenas obras.

LA ORACIÓN EFECTIVA ES *ESPECÍFICA*

No hay generalidades en la oración de Jacob. Fue muy específico. «Líbrame, te ruego, de la mano de mi hermano, de la mano de Esaú, porque yo le tengo miedo». Muchos oran y ven pocos resultados porque sus oraciones solo están llenas de generalidades, cuando Dios quiere que le pidamos cosas específicas. Jacob le expresó a Dios exactamente lo que su corazón deseaba. Durante veinte años había vivido bajo la amenaza de represalias y, en un instante, Dios respondió su oración y transformó el corazón de Esaú.

LA ORACIÓN EFECTIVA ES *DESINTERESADA*

Jacob no buscaba la gloria para sí mismo. Concluyó su oración con un propósito mayor, sus ojos puestos en la gloria de Dios. «Porque Tú me dijiste: "De cierto te haré prosperar, y haré tu descendencia como la arena del mar"». Jacob anhelaba reconciliarse con su hermano, a fin de que Dios recibiera la gloria cuando las promesas a Abraham, a Isaac y a sí mismo fueran fructíferas a los ojos de un mundo espectador.

Dios está esperando, dispuesto e incluso anhelando responder sus oraciones con resultados que excederán sus esperanzas y deseos más optimistas. Puede orar y obtener resultados maravillosos, ver respondidas sus propias oraciones de forma milagrosa, como sucedió con Jacob. Asegúrese de orar basado en la relación establecida con Dios por medio de la fe en el Señor Jesús. Luego, aférrese a sus promesas, repítaselas a él y acuda a su presencia en función de lo que es Cristo y de lo que ha hecho, no de lo que es usted ni de lo que pudo o no haber hecho. Sea específico cuando ore. Exponga su petición delante de él. Y esté atento a ver la gloria de Dios en la respuesta. Nuestro gran Señor está mucho más interesado en responder sus oraciones de lo que usted está en pedirle.

PALABRA CLAVE: ARENA

La próxima vez que vea un reloj de arena o una bella imagen de una playa en algún entorno tropical, recuerde que Dios guardó su promesa de hacer la simiente de Abraham tan numerosa como «la arena del mar». Y él cumple sus promesas.

VERSÍCULO CLAVE

No tienen, porque no piden. (Santiago 4.2)

14 ORAR EN EL TABERNÁCULO

«Allí me encontraré contigo, y de sobre el propiciatorio,
de entre los dos querubines que están sobre el arca
del testimonio, te hablaré acerca de todo lo que he de
darte por mandamiento para los israelitas».

—ÉXODO 25.22

*E*l tabernáculo en el desierto, precursor del magnífico
templo judío de Jerusalén en el monte Moriah, desempeñó un papel prominente en la adoración judía cuando
avanzaban hacia la tierra prometida. El hecho de que el
tabernáculo ocupe quince capítulos enteros de la Biblia habla del inmenso significado que debe tener para los que
vivimos hoy en esta dispensación de la gracia. Existe la ten-
dencia de pasar por alto los extensos capítulos de escrituras
como estas, en especial cuando están llenas de interminan-
bles pequeños detalles. Sin embargo, es allí donde a menudo
hallamos los mayores tesoros de nuestro propio crecimiento espiritual y desarrollo.

Dios les dio a los israelitas instrucciones explícitas para
la construcción de esa tienda de reunión, mejor conocida
como el tabernáculo. Al ingresar a la estructura, lo primero
que encuentra es el altar de bronce. Si continúa caminando,
pasa la fuente e ingresa a la tienda. Allí está la mesa del pan
de la proposición y el candelero de oro. Después de estos,

usted llega al altar del incienso y justo por detrás se encuentra el velo. Más allá del velo se halla el Lugar Santísimo que contiene el arca del testimonio y el propiciatorio por encima de esta. Era aquí donde Dios mismo descendía para habitar entre su pueblo y manifestar su gloria *shekinah*. Hace muchos años, en mi vida devocional, descubrí la belleza de orar a través del tabernáculo. Acompáñeme a entrar ahora mismo y avanzar hacia el Lugar Santísimo en oración.

La primera parada es el altar de bronce, donde se sacrificaban los animales y se derramaba y esparcía la sangre sobre el altar. Jamás podremos entrar a la presencia de la gloria de Dios sin primeramente pasar por el altar del sacrificio. Al orar a través del tabernáculo, hacemos de esta nuestra primera parada, para recordar el sacrificio final y completo en la cruz que terminó de una vez para siempre con la necesidad de más sacrificios de animales. Aquí nos postramos delante del Señor, el Cordero de Dios. Recordamos que nada de lo que hayamos hecho nos ha dado acceso a un Dios santo por medio de la oración. Solo la muerte sacrificial de Cristo sobre el altar de la cruz hace posible nuestro acceso a Dios. Nos unimos a Pablo en oración: «¡Gracias a Dios por Su don inefable!» (2 Corintios 9.15).

Nuestra siguiente parada es en la fuente de bronce. Aquí es donde los antiguos sacerdotes de Israel se detenían a lavarse y limpiarse antes de entrar a la presencia de Dios. Al proseguir a través del tabernáculo en oración, nos detenemos en este lugar para recordar la verdad de 1 Juan

1.9: «Si confesamos nuestros pecados, Él es fiel y justo para perdonarnos los pecados y para limpiarnos de toda maldad». Ahora estamos listos para entrar a la tienda, el lugar santo. Pero aguarde, es solo para los sacerdotes. Y entonces recordamos que Jesucristo, nuestro Sumo Sacerdote, nos ha hecho «reyes y sacerdotes para Dios, su Padre» (Apocalipsis 1.6, RVR1960). De modo que, por medio de Cristo, podemos ahora acercarnos confiadamente a la presencia de Dios.

Luego, nos detenemos por un momento en la mesa del pan de la proposición. Aquí se colocaban doce panes, uno por cada tribu, los cuales se ofrecían a Dios durante la semana. Detenernos en este lugar nos recuerda la necesidad del «pan nuestro de cada día», la Palabra de Dios. Recordamos que la Biblia y la oración van de la mano. La oración sin la Biblia carece de dirección. Entonces nos detenemos aquí en nuestro tiempo de oración, abrimos nuestras Biblias y escuchamos la voz de Dios.

Continuamos avanzando y nos acercamos al hermoso candelero de oro. Tenía siete lámparas, y dado que no había ventanas en la tienda, proporcionaba la única luz. Cuando nos detenemos aquí durante el recorrido de nuestra caminata de la oración, se nos recuerda que Jesús es la luz del mundo y el único que puede alumbrar la oscuridad de nuestras vidas. Se nos recuerda que la luz que usamos para discernir y descubrir sus verdades proviene solo de él.

> Por medio de Cristo, podemos ahora acercarnos confiadamente a la presencia de Dios.

Más tarde, nos encontramos en el altar del incienso. Siempre había incienso encendido en ese altar y se elevaba un aroma fragante al cielo. Aquí se encuentra nuestra vida de dulce comunión y oración con Dios por medio de Jesucristo. El incienso nos recuerda que el Espíritu Santo, nuestro compañero de oración, ora a través de nosotros y por nosotros. Entonces oramos para que nuestras propias vidas puedan convertirse en «fragante aroma» para el Señor (Efesios 5.2). Comenzamos en la cruz, nos detuvimos para limpiarnos a través de la confesión de nuestros pecados, comimos el pan de su Palabra, confiamos en la luz que él hace resplandecer sobre su Palabra y elevamos nuestra alabanza como incienso hacia él. Ahora, estamos listos para dar un paso más allá del velo hacia el Lugar Santísimo.

Una vez que entramos en este espacio sagrado, nos encontramos en el arca del testimonio. Delante de nosotros yace el más sagrado de todos los muebles del tabernáculo. Contenía las tablas de la ley dadas a Moisés, una urna con el maná que caía en el desierto y la vara de Aarón que retoñó. Y por sobre esta y entre las dos figuras angelicales de oro está el propiciatorio, donde la sangre era esparcida para expiación de los pecados del pueblo. Y cuando esto se cumplía, la gloria de Dios llenaba el Lugar Santísimo y su misma presencia visitaba a su pueblo. Aquí se nos recuerda que, a causa del sacrificio de Cristo, nosotros también estamos ahora delante de la misma presencia de Cristo, que «vive perpetuamente para interceder por [nosotros]» (Hebreos 7.25).

En el tabernáculo del desierto encontramos una de las ilustraciones más expresivas e informativas de la Biblia sobre el camino hacia su presencia. Haga de esta jornada una parte de su vida de oración diaria y, al igual que los antiguos sumos sacerdotes de Israel, hallará su propio ser inmerso en la presencia de Dios.

PALABRA CLAVE: MAPA

Hoy, cuando abra un mapa en su teléfono inteligente o mire uno desde la pantalla de navegación de su automóvil, recuerde que entretejida en el relato bíblico del tabernáculo hay una ruta de oración que lo guiará a su destino, la misma presencia de Dios.

VERSÍCULO CLAVE

Entró al Lugar Santísimo una vez para siempre, no por medio de la sangre de machos cabríos y de becerros, sino por medio de Su propia sangre, obteniendo redención eterna. (Hebreos 9.12)

15 UNA ORACIÓN DE SERVICIO

«Aquí estoy; envíame a mí».

—ISAÍAS 6.8

*Q*ué mundo más distinto tendríamos si cada creyente expresara desde su corazón esta oración de Isaías: «Aquí estoy; envíame a mí». Esa respuesta apasionada es dada en contestación a una pregunta penetrante por parte del Señor: «¿A quién enviaré, y quién irá por nosotros?» (Isaías 6.8). Sin embargo, la pregunta y la respuesta inmediata del profeta no surgieron arbitrariamente, sino que fueron precedidas por una serie de revelaciones dadas a Isaías. Despertó a tres realidades que lo impulsaron y motivaron a hacer esta oración para ser usado por Dios y marcar una diferencia en su mundo. Nosotros, al igual que Isaías, comenzaremos a hacer de esta nuestra oración cuando empecemos a ver a Dios, a nosotros mismos y a aquellos que nos rodean de una manera nueva y poderosa.

LA SANTIDAD DE DIOS

Esta oración: «Aquí estoy; envíame a mí», se origina cuando *vemos a Dios en su santidad*. Isaías pudo vislumbrar al Señor «sentado sobre un trono alto y sublime» (Isaías 6.1). Oyó la música del cielo cuando el coro angelical daba voces, diciendo: «Santo, Santo, Santo es el SEÑOR de los ejércitos»

(v. 3). Esta increíble visión acerca de lo que les espera a todos los creyentes lo impulsó a exclamar: «Porque mis ojos han visto al Rey, el Señor de los ejércitos» (v. 5). El rey Uzías, su rey terrenal, acababa de morir, y la mirada de casi todos estaba puesta en la situación cambiante a su alrededor. Sin embargo, Isaías había tenido el privilegio de dar un vistazo al cielo y vio a nuestro gran Dios «sentado sobre un trono alto y sublime» (v. 1). El rey terrenal de Israel había muerto y su trono estaba vacío, pero Isaías se dio cuenta de que Dios no había abdicado de su trono y que todavía estaba a cargo.

La adoración no se trata de nosotros. No se trata de lo que hacemos, de lo que cantamos o de lo que decimos, sino del Dios todopoderoso y de su gloria. El primer paso en el deseo de ser usado por Dios es cuando, al igual que Isaías, comenzamos a ver a Dios en su propia santidad y reconocemos y nos damos cuenta de que, sin importar cuál sea nuestra situación terrenal, él tiene todo el control.

NUESTRA IMPOTENCIA

La oración: «Aquí estoy; envíame a mí», se vuelve una realidad cuando no solo vemos a Dios en su santidad, sino cuando también comenzamos a *ver nuestra propia impotencia*. La primera respuesta de Isaías al ver la gloria de Dios fue expresar: «¡Ay de mí! Porque perdido estoy [...] porque mis ojos han visto al Rey» (v. 5). Con demasiada frecuencia no queremos ponernos al servicio de Dios, porque nos medimos según el parámetro equivocado. Tendemos a compararnos

73

con las personas que nos rodean. No obstante, somos llamados a mirar nuestras propias vidas en relación con los estándares justos de la ley de Dios y de su justicia. Tan pronto como Isaías vio al Señor, se dio cuenta de la dura verdad sobre sí mismo.

Isaías no trató de esconder su naturaleza pecaminosa debajo de la alfombra. Su respuesta inmediata fue similar a la de Job cuando dijo: «He sabido de Ti [...] pero ahora mis ojos te ven. Por eso me retracto, y me arrepiento en polvo y ceniza» (Job 42.5-6). La misma respuesta salió de Pedro cuando presenció la majestad del Señor y exclamó: «¡Apártate de mí, Señor, pues soy hombre pecador!» (Lucas 5.8). Y no se olvide del anciano Juan, que vio la gloria de Cristo en la solitaria isla del exilio llamada Patmos, y su primera respuesta fue: «Caí como muerto a Sus pies» (Apocalipsis 1.17).

> Tan pronto como Isaías vio al Señor, se dio cuenta de la dura verdad sobre sí mismo.

Cuando vemos al Señor en su gloria y santidad, como Isaías, de inmediato empezamos a vernos de manera diferente y nos unimos a él al decir: «¡Ay de mí! [...] Perdido estoy». Y si confesamos nuestra propia impotencia, oímos la misma declaración que escuchó Isaías: «Es quitada tu iniquidad y perdonado tu pecado» (Isaías 6.7). Entonces, seremos capaces de oír la voz de Dios preguntándonos aquello que le había manifestado a Isaías: «¿A quién enviaré, y quién irá por nosotros?» (v. 8).

LA DESESPERANZA DE OTROS

Hay algo más. Haremos propia esta oración de Isaías para ser usados por Dios cuando comencemos a *ver a otros en su desesperanza*. Solo después de alcanzar una nueva revelación de la santidad de Dios y de su propia impotencia alejado del Señor, después de que su confesión trajera una nueva limpieza de su pecado, Isaías vio claramente el llamado de Dios a servirle. Y, solo entonces, ofreció su oración: «Aquí estoy; envíame a mí». No dijo: «Estoy aquí». Eso únicamente hubiera indicado su ubicación física. Al orar «Aquí estoy», estaba revelando su disposición para servir. A eso le siguió una petición apasionada: «Envíame a mí». Dios respondió de inmediato con una misión: «Ve, y dile a este pueblo» (v. 9). Isaías tenía un trabajo que hacer. Él lo pidió.

Dios continúa haciendo esa pregunta a aquellos que hoy son llamados por su nombre: «¿A quién enviaré, y quién irá por nosotros?». Mire de una manera nueva lo que Dios realmente es y se verá a sí mismo por lo que usted realmente es. Entonces, con una confesión genuina de arrepentimiento, al igual que Isaías, encontrará un nuevo comienzo y oirá con claridad la voz de Dios, diciendo: «¿A quién enviaré?». Y, cuando la haya escuchado, aprópiese de la oración de Isaías: «Aquí estoy; envíame a mí».

PALABRA CLAVE: IGLESIA

La próxima vez que asista a una reunión de adoración en su iglesia local, hágase tres preguntas: ¿He visto al Señor en su santidad? ¿Me he visto en mi propia impotencia? ¿He visto a otros en su desesperanza sin Cristo? Si responde de manera afirmativa a las tres, sabrá que ha adorado en verdad. Y su respuesta inmediata será: «Aquí estoy; envíame a mí».

VERSÍCULO CLAVE

Jesús les dijo otra vez: «Paz a ustedes; como el Padre me ha enviado, así también Yo los envío». (Juan 20.21)

16   CON SOLO UN CLAMOR

«Clama a Mí, y Yo te responderé y te revelaré cosas
grandes e inaccesibles, que tú no conoces».

—JEREMÍAS 33.3

¿Sabía usted que Dios tiene un número telefónico? Es Jeremías 33.3; él lo invita a llamarlo en cualquier momento y promete responder siempre. Pero eso no es todo, cuando clame a él, le mostrará cosas asombrosas que ni siquiera han cruzado por su mente. Este versículo contiene una de las promesas más maravillosas de toda la Biblia. Cuando clama a él, su línea nunca está ocupada. Nunca lo dejan en espera. Nunca tiene que escuchar un mensaje de voz. Nunca recibe un mensaje de texto con la respuesta: «Disculpe, en estos momentos no podemos atenderlo». Él nunca deja de responder su clamor y lo hace de una manera que excede sus más altos sueños y esperanzas.

La oración, esa capacidad de conectarnos con Dios, constituye uno de los privilegios más maravillosos de la vida cristiana. Es interesante notar que lo único que los discípulos le pidieron a Jesús que hiciera fue que les enseñara a orar. Su petición fue directa: «Señor, enséñanos a orar» (Lucas 11.1). Lo oyeron predicar poderosos sermones; sin embargo, no le pidieron que les enseñase a predicar. Lo observaron captar la atención de varios hombres y ganar en evangelización personal, pero nunca le pidieron que les enseñase a evangelizar. Se sentaban a sus pies y lo oían enseñar las lecciones de vida más maravillosas que jamás se hayan escuchado, pero nunca le pidieron que los instruyera para enseñar. Observaron la manera en que sabiamente organizaba y movilizaba a las multitudes, pero nunca le pidieron que les mostrase cómo hacerlo. El único pedido que se registra fue que les enseñase a orar. Habían comido con él, dormido con él, pasado día y noche con él durante tres años. Fueron testigos de la intensidad y de la frecuencia de su propia vida de oración con el Padre. Lo observaban cuando subía a las montañas a orar, cuando a veces oraba durante la noche, cuando oraba antes de cada gran tarea, cuando oraba después de cada gran victoria; y, por consiguiente, sabían que, si captaban la esencia de la oración, no tendrían problemas para predicar, enseñar ni realizar cualquiera de las demás tareas que su ministerio requiriera.

«Clama a Mí». Qué invitación tan sencilla. Dios lo invita a entrar en su sala del trono de la oración. No nos referimos aquí a recitar de memoria —o a través de rituales— oraciones ancestrales de otras personas, sino a entablar una conversación sincera con aquel que sabe lo que necesitamos incluso antes de que se lo pidamos.

La oración es una comunicación bidireccional, no unilateral. Es formar parte de una relación. Para lograr una relación positiva y productiva con nuestras esposas, esposos, hijos, padres, colegas o con cualquiera, tiene que existir una comunicación verbal. Una señal temprana de que una relación se está deteriorando es la falta de comunicación. Aun así, algunos creyentes piensan que pueden pasar días, o incluso semanas, sin comunicarse con Dios por medio de la oración y todavía tener una vida cristiana efectiva y fructífera.

La oración es participar en nuestra relación personal con el Señor. Y, piense al respecto... él la inicia cuando lo invita a decir: «Clama a Mí».

> La oración es participar en nuestra relación personal con el Señor.

Y cuando clamamos a él, tenemos su promesa: «Yo te responderé». No hay dudas, quejas ni peros. No hay buzón de voz ni llamadas en espera. Él contesta cada vez que usted llama.

El Señor sabe mucho mejor que nosotros las necesidades más profundas de nuestro corazón. La oración hace que Dios sea real para nosotros. Así como leer la Biblia le da una dirección a nuestras oraciones, estas aportan una nueva dinámica a nuestra lectura bíblica. Dios nos habla a través de su Palabra, y nosotros le hablamos por medio de la oración.

El cielo estará lleno de música. Si reflexiona en eso, la oración es como una sinfonía. La Biblia es la partitura, el Espíritu Santo es el director y nosotros somos los instrumentos. Al sumergirnos en la Palabra de Dios, el Espíritu Santo nos guía en nuestra vida de oración, y comenzamos a orar las escrituras para nosotros mismos y para los demás.

Jesús siempre es nuestro ejemplo, en todo. Eso incluye el tiempo a solas en oración con nuestro Padre celestial. Si él, que nunca pecó, tenía la necesidad de orar tan a menudo, ¿cuánto más nosotros, pecadores, necesitamos clamar a él y descansar en la promesa de que responderá nuestras oraciones? Jeremías 33.3 es una de las cientos de promesas relacionadas con la oración que encontramos en casi cada página de la Biblia.

Pero hay más. «Clama a Mí... y Yo te responderé... y te revelaré cosas grandes e inaccesibles, que tú no conoces». Él nos dejará verlas. Nos «revelará» algunas cosas que no conocemos. Pero no cualquier cosa, sino «cosas grandes e inaccesibles». Si en verdad pudiéramos comprender la profundidad de este versículo y aferrarnos a su promesa, no hay límite a lo que Dios puede hacer y hará a través de nuestras vidas para su gloria y para nuestro bien. No responderá sus oraciones de una manera confusa. Él está expectante y dispuesto a *revelarle* «cosas grandes e inaccesibles».

He memorizado muchos de los números telefónicos de mi familia y amigos. Lo invito a memorizar hoy el número de teléfono de Dios: Jeremías 33.3. Entonces, clame a él. Dios responderá cada una de las veces. Y tiene algo grande que mostrarle.

PALABRA CLAVE: MÚSICA

Hoy, cuando escuche música en la radio o en su teléfono, recuerde que su oración es semejante a una sinfonía. La Biblia es la partitura, el Espíritu Santo, el director y nosotros somos los instrumentos. Él lo guiará en lo que necesite orar.

VERSÍCULO CLAVE

[«]Porque Yo sé los planes que tengo para ustedes», declara el Señor, «planes de bienestar y no de calamidad, para darles un futuro y una esperanza. Ustedes me invocarán y vendrán a rogarme, y Yo los escucharé. (Jeremías 29.11-12)

17 UNA ORACIÓN DESESPERADA

¿Hasta cuándo, oh Señor, pediré ayuda, y no escucharás?
—HABACUC 1.2

*E*sa pregunta que hizo Habacuc surgió a raíz de una «visión» que lo consumía (Habacuc 1.1). Se enfrentaba a un dilema moral. ¿Cómo podía un Dios santo y amoroso, que había llamado a Israel la «niña de Sus ojos» (Deuteronomio 32.10), permitir que los paganos, los incrédulos de Babilonia, asediaran y finalmente destruyeran la ciudad de Jerusalén? Si somos francos, la mayoría de nosotros nos hemos sentido así en algún momento. También hemos estado cargados con lo que parecía, en ese entonces, la inactividad de Dios a nuestro favor. Además, hemos bombardeado el trono de la gracia de Dios con nuestros clamores y oraciones por liberación, solo para sentir que estos rebotaban en el cielorraso. A decir verdad, en una u otra ocasión, ¿quién de nosotros no ha orado: «Hasta cuándo, oh Señor, pediré ayuda, y no escucharás?».

Si de verdad existe un Dios bueno y todopoderoso, ¿por qué no responde nuestras oraciones, aquellas peticiones que, estamos convencidos, son buenas y justas? ¿Por qué continúa permitiendo tanta maldad y sufrimiento? Es el viejo argumento de los escépticos: o Dios es todopoderoso pero no bueno (por lo tanto, no detiene la maldad en seco) o es bueno pero no todopoderoso (entonces, es impotente para detener la maldad que nos rodea). A primera vista, esta explicación parece muy lógica. Si, de hecho, él fuera realmente todopoderoso, entonces podría quitar toda la maldad, el dolor y el sufrimiento en un instante. Supongamos por un momento que pudiéramos emitir un decreto para llevar eso a cabo, erradicar toda la maldad para la medianoche. Pero ¿es en realidad una buena idea? Si él lo hiciese, ¿se da cuenta de que ninguno de los que nos encontramos leyendo estas palabras, sin mencionar el que las está escribiendo en este instante, estaría vivo a las 12:01 a. m.? Jeremías, el mismo que advirtió del cautiverio venidero en Babilonia, nos recuerda que nuestro corazón es «engañoso [...] y sin remedio» (Jeremías 17.9). Por mi parte, estoy extremadamente agradecido de que «no nos ha tratado según nuestros pecados, ni nos ha pagado conforme a nuestras iniquidades» (Salmos 103.10).

Dios no se quedó de brazos cruzados. De hecho, hizo algo drástico contra la maldad del mundo. Llevó a cabo el plan más caro y amoroso posible; envió y entregó a su propio Hijo para morir en el lugar de los seres humanos pecaminosos como nosotros.

Habacuc nos dejó un libro en la Biblia hebrea que cuenta con solo tres breves capítulos, pero en ellos el profeta descubre y nos revela que el verdadero problema que nos ocupa no es la maldad, sino la dirección del enfoque de nuestras oraciones.

EL ENFOQUE *EN* LAS CIRCUNSTANCIAS

Algunas personas colocan el enfoque de su oración *en* sus circunstancias actuales. Este es el enfoque consumidor de la oración de Habacuc en el primer capítulo de su libro. Se ve expresado en su oración: «¿Hasta cuándo, oh Señor, pediré ayuda, y no escucharás?». De nuevo, en un momento u otro, ese clamor de desesperación ha sido nuestro. «¿Dónde estás Dios? ¿Por qué no haces algo?».

Cuando circunstancias injustas giran a nuestro alrededor y colocamos el foco de las oraciones en ellas, nos hacemos estas preguntas que no tienen respuestas satisfactorias. Hay una mejor manera de enfocarnos en la oración que poner toda nuestra atención *en* nuestras circunstancias y situaciones.

> «¿Dónde estás Dios? ¿Por qué no haces algo?».

EL ENFOQUE *EN MEDIO DE* LAS CIRCUNSTANCIAS

Otras personas colocan el enfoque de su oración *en medio de* sus circunstancias actuales. El profeta cambia el enfoque en el capítulo dos cuando sube a su puesto de guardia para «ver lo que Él me dice» (Habacuc 2.1). Él comienza a enfocar sus oraciones *en medio de* sus desafíos actuales en lugar de centrarse *en* ellos.

La perspectiva es fundamental en nuestra vida de oración. Habacuc empezó a mirar el asunto en cuestión desde la perspectiva de Dios, no desde la suya. Ese era el secreto del foco de la oración de José en Génesis, cuando sus hermanos lo vendieron como esclavo y luego ocurrieron una serie de situaciones difíciles. Desde la perspectiva humana, nada de lo que le estaba aconteciendo podía ser bueno o justo de ninguna manera. Los celos son malos. La traición de tus propios hermanos está mal. Ser vendido como esclavo está mal. Ser enviado a prisión por una falsa acusación está mal. Sin embargo, cuando fue revelado a sus hermanos, los miró a los ojos y dijo: «Ahora pues, no os entristezcáis ni os pese [...] pues para preservar vidas me envió Dios delante de vosotros» (Génesis 45.5). Luego, añadió: «Ustedes pensaron hacerme mal, *pero* Dios lo cambió en bien» (50.20). ¿Cómo pudo decir eso? El enfoque de su oración estaba *en medio de* sus circunstancias actuales, no *en* ellas.

Cuando Habacuc colocó el enfoque de la oración en medio de su circunstancia pudo concluir el capítulo dos diciendo: «El Señor está en su santo templo» (Habacuc 2.20). Su enfoque lo llevó a entender que Dios no había abdicado de su trono, que en y en medio de todo, él seguía en control.

EL ENFOQUE *MÁS ALLÁ* DE LAS CIRCUNSTANCIAS

Por último, algunas personas colocan el enfoque de su oración *más allá* de sus circunstancias actuales. El profeta concluye su libro con estas palabras: «Aunque la higuera no eche brotes, ni haya fruto en las viñas [...] falte el producto del olivo [...] los campos no produzcan alimento [...] falten las ovejas del aprisco [...] no haya vacas en los establos [...] con todo yo me alegraré en el Señor, me regocijaré en el Dios de mi salvación» (Habacuc 3.17-18).

Este es el mismo hombre que, tres breves capítulos antes, estaba agitando su puño ante el rostro de Dios y culpándolo por su desesperante dilema. ¿Qué cambió? En dos palabras, su enfoque; el enfoque de su oración. Lo mismo puede ocurrirle a usted que está tentado a cuestionar, acusar e incluso culpar a Dios por lo que podría sentirse como su frialdad hacia usted. Deje de enfocar sus oraciones *en* sus circunstancias y coloque el foco *en medio de* ellas. Si lo hace, comenzará a centrar sus oraciones *más allá* de sus problemas actuales. Entonces, al igual que Habacuc, podrá hallar el consuelo que solo Dios puede traer a su corazón.

PALABRA CLAVE: ENFOQUE

Hoy, cuando concentre su atención en una letra pequeña que intenta leer, recuerde la importancia de enfocarse en la oración. Asegúrese de que el enfoque no esté puesto *en* sus circunstancias, sino *en medio de* estas, así como también *más allá* de las mismas.

VERSÍCULO CLAVE

Porque es aún visión para el tiempo señalado; se apresura hacia el fin y no defraudará. Aunque tarde, espérala; porque ciertamente vendrá, no tardará. (Habacuc 2.3)

18 UNA ORACIÓN DE REGOCIJO

«Entonces María dijo:
"Mi alma engrandece al Señor, y mi espíritu
se regocija en Dios mi Salvador"».
—LUCAS 1.46-47

*E*l Evangelio de Lucas inicia con una introducción de una jovencita despreocupada que un día jugaba en las calles de Nazaret y al próximo descubre que está embarazada, aunque con sus palabras preguntó: «¿Cómo será esto, puesto que soy virgen?» (Lucas 1.34). El ángel que la visitaba respondió de inmediato: «El Espíritu Santo vendrá sobre ti, y el poder del Altísimo te cubrirá con su sombra; por eso el Niño que nacerá será llamado Hijo de Dios» (v. 35). María, al darse cuenta de que el tan esperado Mesías estaba ahora vivo y creciendo en su propio vientre, comenzó a orar. Su primera reacción no fue el miedo a ser malentendida por aquellos que la conocían, ni el temor de convertirse en el hazmerreír de su pueblo cuando comenzara a notarse el embarazo; su primer impulso fue orar. Estalló en una oración de alabanza y regocijo. Su oración impulsiva le brotó del alma («mi alma engrandece al Señor») y emanó de su espíritu («mi espíritu se regocija en Dios mi Salvador»).

Existe una diferencia entre el alma y el espíritu. Aunque ambos términos se usan para describir esa parte de nosotros que es inmaterial, no siempre son sinónimos. La palabra *psicología* deriva de la raíz de esta palabra griega que se traduce como «alma» en Lucas 1.46. El alma es el centro de sus emociones. Es lo que nos conecta a nivel humano y da vida al cuerpo. Sin ella el cuerpo muere y se descompone.

El espíritu, por otra parte, es lo que nos conecta con Dios en la dimensión espiritual. Con el alma estamos vivos físicamente, y con nuestro espíritu cobramos vida espiritualmente cuando depositamos nuestra fe y nuestra confianza en Jesucristo. El alma cobra vida cuando nacemos y el espíritu, cuando nacemos de nuevo.

LA ORACIÓN DESDE EL ALMA

La oración de María *brotó de su alma*. Al oír que había sido escogida para ser la madre del Mesías, su primer impulso fue alabar a Dios: «Mi alma engrandece al Señor». *Engrandecer* significa celebrar, reconocer su grandeza. María tenía todas las razones para sentirse un poco orgullosa. Pero no sucedió así. Su único pensamiento fue sobre la grandeza de Dios. Intente colocarse en el lugar de ella. Dios lo ha escogido para la tarea más especial de toda la humanidad. Su prima Elisabet se ha jactado de que usted es bendita entre todas las mujeres (Lucas 1.42). La reacción humana sería hacer una reverencia, llevarse algo de crédito. Pero no fue así con María. Ella cayó de rodillas y su primer impulso fue glorificar a Dios con cada fibra de su ser, su misma alma.

LA ORACIÓN DESDE EL ESPÍRITU

María continúa con su oración. No solo brotó de su alma, sino que *emanó de su espíritu*. La joven virgen ahora pasa del plano del alma (esa parte de ella que conecta con el hombre) al plano espiritual (la parte que conecta con Dios): «Mi espíritu se regocija en Dios mi Salvador». Cuando somos salvos por medio de la fe en Cristo, el espíritu es vivificado y cobra vida en nosotros. Con razón una de nuestras primeras expresiones es regocijarnos con «gozo inefable y lleno de gloria» (1 Pedro 1.8). Dado que Dios es Espíritu, la Escritura nos enseña que debemos adorarle en «espíritu y en verdad» (Juan 4.24).

Nuestro espíritu, esa parte de nosotros que nos conecta con Dios y que existirá mientras él viva, es lo que nos diferencia de todo el otro orden creado. Por ejemplo, su mascota. Los animales tienen un cuerpo y, en cierto sentido, un alma, el centro de las emociones. Es decir, tienen sentimientos y su propia personalidad. Sin embargo, no hay nada en ellos que pueda conectarlos con el Dios del universo, de espíritu a Espíritu, como ocurre en nuestro caso. Nosotros, por otra parte, poseemos la capacidad de «regocijarnos en Dios nuestro Salvador» en el mundo espiritual. Conocerlo es amarlo y regocijarnos en la salvación que él nos ha provisto.

¿Por qué el propósito de la oración de María es engrandecer a Dios y regocijarse en él? Ella sabe que Dios es personal y ha «mirado la humilde condición» de su sierva (Lucas 1.48). También reconoce su gran poder, ya que continúa diciendo:

«Porque grandes cosas me ha hecho el Poderoso» (v. 49). Por otra parte, declara que este gran Dios es puro: «Santo es Su nombre» (v. 49). Y nos recuerda que él es paciente: «Es su MISERICORDIA PARA LOS QUE LE TEMEN» (v. 50).

Agradezca a Dios por su misericordia, cuya mejor definición es «no recibir lo que merecemos». Él es sufrido y paciente para con nosotros. ¿Acaso no estamos agradecidos? Él nos permite comenzar de nuevo cuando lo creemos necesario. Con razón cuando nació Jesús, el ángel trajo «buenas nuevas de gran gozo» (Lucas 2.10).

> Él es sufrido y paciente para con nosotros. ¿Acaso no estamos agradecidos?

Su alma está diseñada para «engrandecer al Señor» antes que a aquellos con los que se relaciona en su vida diaria. Y no es de extrañar que su espíritu, esa parte en su interior que vivirá para siempre, de continuo se regocije en «Dios nuestro Salvador».

La adoración no es más que las «gracias» que se rehúsan a permanecer en silencio. Es ese acto voluntario que ofrecemos a Cristo nuestro Salvador. Por lo tanto, únase a María en su oración. Adelante, ore para sí mismo: «Mi alma engrandece al Señor, y mi espíritu se regocija en Dios mi Salvador».

PALABRA CLAVE: MASCOTA

Hoy, cuando su perro o gato se acurruquen al lado suyo en su silla o sofá favorito, recuerde que usted es una creación especial de Dios, indescriptiblemente valioso para él. Usted tiene un cuerpo, un alma y un espíritu con el cual puede conectarse con el Dios creador de todo el universo por medio de Cristo Jesús Señor nuestro.

VERSÍCULO CLAVE

*Bendice, alma mía, al Señor, y bendiga todo mi
ser Su santo nombre. (Salmos 103.1)*

19 LA ORACIÓN Y LA COSECHA

«Y viendo las multitudes, tuvo compasión de ellas, porque
estaban angustiadas y abatidas como ovejas que no
tienen pastor. Entonces dijo a Sus discípulos: "La cosecha
es mucha, pero los obreros pocos. Por tanto, pidan al
Señor de la cosecha que envíe obreros a Su cosecha"».

—MATEO 9.36-38

*T*odos tenemos nuestras zonas de confort. Son aquellas áreas de la vida de las que rara vez nos alejamos. Algunas son sociales, otras económicas, algunas políticas e incluso religiosas. Resulta fácil adaptarse, sentirse cómodo y nunca aventurarse más allá de esos límites que muchos de nosotros establecemos. El evangelio es un llamado a salir de nuestra zona de confort y ver hoy «las multitudes» a través de los ojos de Jesús.

Esto es exactamente lo que hizo nuestro Señor. Hablemos de dejar una zona de confort. Él abandonó la seguridad y protección del cielo, dejó la alabanza de las huestes angelicales y descendió a la tierra para encarnarse en un cuerpo humano y caminar en medio de los publicanos, pecadores, falsos religiosos, lo menospreciado y rechazado de la sociedad y las multitudes que, en sus propias palabras, son como «ovejas que no tienen pastor». Su llamado en ese entonces, y aún vigente, es ver «las multitudes... [con] compasión». Ciertamente, salir de nuestras propias zonas de confort.

Cierto día, cuando predicaba y enseñaba según su costumbre, la Biblia registra cómo Jesús, al ver las multitudes, «tuvo compasión de ellas, porque estaban angustiadas y abatidas». Esos hombres y mujeres se sentían débiles y agotados a causa de las luchas diarias bajo la opresión romana. Estaban agobiados, sin esperanza ni dirección, angustiados y abatidos. Y siguen estando aquí, a nuestro alrededor. La vida de muchos de ellos pende de un hilo. Miramos, ¿pero vemos? Cuando comencemos a verlos a través de los ojos de Jesús, también nosotros tendremos compasión y hallaremos la motivación para salir de nuestras zonas de confort predeterminadas y predispuestas.

El énfasis de Jesús en este pasaje reside en lo que llama «la cosecha». Es mucha. Está lista. Podemos percibir una energía y una urgencia detrás de su llamado a la cosecha. No es un llamado a arar los campos. No es un llamado a plantar los cultivos. No es un llamado a prepararse y cultivar. Jesús se enfoca en la «cosecha». Sin embargo, rápidamente reconoce que existe un problema mayor: «Los obreros [son] pocos». No los espectadores. Hay muchos de ellos. En la actualidad, el problema de Dios no está afuera en los campos. La mies está lista. Es abundante. Está madura, aguardando. Las cosas no han cambiado mucho en dos mil años; el problema de Dios sigue siendo con su propio pueblo.

Así que aquí estamos, al igual que los discípulos, muchas veces solo conformes con nuestras acogedoras zonas de confort. Las multitudes están por todas partes, angustiadas y sin dirección espiritual, maduras para la cosecha. Pero pocos son los que están dispuestos a ir a los campos y traerlas de allí. Entonces, ¿qué vamos a hacer? El razonamiento humano sugiere que haga un plan, reclute a los trabajadores, ruegue, suplique, coaccione si es necesario, elabore estrategias, encuentre un tema pegadizo, ponga en práctica sus mejores técnicas motivacionales y, de ser necesario, incluso intente con la culpa para motivarlos.

> Así que aquí estamos, al igual que los discípulos, muchas veces solo conformes con nuestras acogedoras zonas de confort.

Pero Dios tiene una mejor manera. Jesús dijo en vista de estos acontecimientos: «Por tanto, *pidan* al Señor». Él colocó la oración al principio de la lista de prioridades cuando se trata de la evangelización y de la cosecha. No debemos perder de vista que esta fue siempre la prioridad de Jesús. Antes de escoger a los doce, él pasó toda la noche en oración. Lucas registra este hecho para toda la posteridad: «En esos días Jesús se fue al monte a orar, y pasó toda la noche en oración a Dios. Cuando se hizo de día, llamó a Sus discípulos y escogió doce de ellos, a los que también dio el nombre de apóstoles» (Lucas 6.12-13). Si el tiempo y el espacio lo permitieran, esto podría ilustrarse una y otra vez. La oración fue la prioridad de nuestro Señor... siempre.

Resulta importante notar el propósito de su oración en Mateo 9 a favor de la cosecha. Automáticamente asumimos que está orientada a las pobres almas perdidas que necesitan dirección y esperanza. Pero no es así. Jesús nos llama a enfocar nuestras oraciones en que Dios es el que envía a los «obreros». Él clama a Dios para que «envíe obreros a Su cosecha». Esta no es una apelación sutil y pasiva. La palabra del Nuevo Testamento que se traduce como «enviar» es una expresión fuerte y activa que indica un movimiento violento, no una sacudida suave. Detrás de esta palabra griega reside la idea de un apuro y una urgencia. Cuando se trata de la cosecha del mundo perdido que nos rodea, Jesús no nos llama a organizar ni a reclutar a personas para que formen parte de nuestro equipo. Este es un llamado a orar. ¿Y para qué? Para que Dios entre en acción, nos empuje de nuestras zonas de confort al campo de la cosecha de la evangelización personal. Después de todo, es *su* cosecha, y los obreros son enviados por él a la misión.

Más adelante, Jesús les reveló a esos mismos discípulos que los campos «*ya* están blancos para la siega» (Juan 4.35). Mi primer pastorado tuvo lugar en la comunidad agrícola de trigo de Hobart, Oklahoma. Al ser un niño citadino, recuerdo estar fascinado con la cosecha de trigo que cada año consumía toda el área durante esas cortas semanas de fines de mayo y principios de junio. Uno podía conducir muchos kilómetros y ver nada más que olas doradas de granos como un vasto océano de bronce que se extendía a lo largo del horizonte. Una vez le pregunté a uno de esos granjeros sobre este versículo. Jesús dijo que los campos estaban «blancos» para la ciega y, sin embargo, todo lo que alcanzaba a ver eran «ondulaciones de granos color ámbar». Rápidamente, procedió a explicarme que cuando el trigo comenzaba a volverse blanco ya casi era demasiado tarde para sacarlo. Es necesario moverse con un sentido de urgencia antes de que se pudra en el campo.

En verdad, hoy los campos de cosecha a nuestro alrededor están «blancos para la siega». No siempre habrá un momento adecuado. Este es el tiempo para que dejemos nuestras zonas de confort y alineemos nuestras prioridades con la de Jesús: *pidan... al Señor... que envíe obreros... a Su cosecha*. En toda nuestra plática sobre la evangelización y la necesidad de alcanzar a los que están perdidos, recordemos que la oración es nuestra prioridad, siempre.

PALABRA CLAVE: POLÍTICA

Hoy, cuando hable acerca de política con sus amigos o su familia, pregúntese cuántos están «al otro lado» de sus puntos de vista. Recuerde que el llamado de Jesús es salir de nuestras zonas de confort, sociales, económicas, raciales o políticas, y cuidar que la oración sea siempre nuestra prioridad.

VERSÍCULO CLAVE

Estén siempre gozosos. Oren sin cesar. Den gracias en todo, porque esta es la voluntad de Dios para ustedes en Cristo Jesús. (1 Tesalonicenses 5.16-18)

20 ESCUCHE SU VOZ

«Mientras estaba aún hablando, una nube luminosa los
cubrió; y una voz salió de la nube, diciendo: "Este es Mi Hijo
amado en quien Yo estoy complacido; óiganlo a Él"».

—MATEO 17.5

uchos de nosotros cometemos el mismo error en nuestras conversaciones con los demás. Muy a menudo, fallamos en escuchar. Nos encontramos tan inmersos en prepararnos para articular nuestro próximo pensamiento brillante que tendemos a no oír lo que la otra persona está diciendo. ¿Cuántas veces nos han presentado a alguien y tan pronto nos alejamos no podemos ni siquiera recordar el nombre de la persona? En el monte de la transfiguración, el Padre nos da un buen consejo: nos presenta a su Hijo, afirma que está complacido con él y luego nos exhorta: «¡Escúchenlo!» (Mateo 17.5, NVI).

A veces olvidamos que la oración es una conversación con el Señor. Y una comunicación es recíproca. Hablamos... y, si somos inteligentes, escuchamos incluso más de lo que hablamos. Tal vez uno de los elementos de la oración más ignorados y olvidados es el de tomar tiempo para escuchar su voz. Él nos sigue hablando a través de su Palabra y por medio de su Espíritu. En esencia, aquí Dios nos está diciendo: «Este es mi Hijo, lo amo y estoy complacido con él. Dejen de hablar tanto y escúchenlo».

Después de la resurrección, Jesús se apareció en el camino a Emaús para ilustrar a la perfección esa necesidad de tomar un tiempo en la oración para dejar de hablar y simplemente «oírlo a él». Durante tres años, los discípulos habían caminado con Cristo, hablado con él, prácticamente vivido con él, cuando de pronto todo llegó a un fin abrupto y abrumador: Jesús había sido cruelmente ejecutado, y su cuerpo echado a una fría y húmeda tumba. Entonces, todos los discípulos «lo abandonaron y huyeron» de regreso a sus hogares (Mateo 26.56).

Dos de esos seguidores iban camino a su aldea, llamada Emaús, que estaba a unos once kilómetros al oeste de Jerusalén. Esa tarde, mientras caminaban desanimados hacia la puesta del sol, conversaban entre sí: «Nosotros esperábamos que Él era el que iba a redimir a Israel» (Lucas 24.21). Pero habían enterrado esa esperanza cuando el cuerpo de Jesús fue sepultado en la tumba de José de Arimatea. Abatidos y consternados, eran una prueba viviente de que si no hay fe en el futuro, no hay poder en el presente.

Pero, entonces —de pronto— «Jesús mismo se acercó y comenzó a caminar con ellos»; sin embargo, «no lo reconocieron» (Lucas 24.15-16, NVI). Después de ese encuentro increíble, «les fueron abiertos los ojos y lo reconocieron; pero Él desapareció de *la presencia de* ellos» (Lucas 24.31). ¿Y cuál fue su respuesta? «¿No ardía nuestro corazón dentro de nosotros mientras nos hablaba en el camino?» (Lucas 24.32). ¿Acaso no es esta una de nuestras necesidades más apremiantes? Es decir, corazones ardientes producto de escucharlo a él en nuestro propio camino a Emaús.

> «¿No ardía nuestro corazón dentro de nosotros mientras nos hablaba en el camino?»
> LUCAS 24:32

ESCÚCHELO CUANDO NOS HABLA A TRAVÉS DE SU ESPÍRITU

Sus corazones estaban encendidos mientras «[les] hablaba en el camino». Jesús era el que hablaba, y ellos escuchaban. Sus corazones no ardían cuando ellos le hablaban ni cuando conversaban entre sí sobre Jesús. Sus corazones comenzaron a arder con una nueva pasión cuando dejaron de hablar con él y con otros y empezaron a escucharlo, de espíritu a Espíritu.

Llega un momento cuando necesitamos dejar de hacer, dejar de ofrecer nuestras peticiones, incluso detener nuestra alabanza por un instante, y simplemente permanecer quietos, escuchar su voz apacible hablando a nuestro espíritu y prestar atención a la exhortación de nuestro Padre celestial: «Óiganlo a Él».

ESCÚCHELO CUANDO NOS HABLA A TRAVÉS DE LA ESCRITURA

La Biblia permanece como un libro sellado hasta que el Espíritu de Dios nos revela su verdad. Podemos adquirir un conocimiento mental de él a través de la Biblia, pero nunca seremos capaces de tener un conocimiento del corazón, un discernimiento espiritual hasta que, como sucedió con los discípulos, nos hable en el camino y nos abra las Escrituras (v. 32). Y nosotros oigamos su voz.

Jesús les «explicó» en todas las Escrituras lo que a él se refería (v. 27). La palabra *explicar* connota la idea de traducir algo de un idioma extranjero. La Biblia es realmente como un idioma extranjero para aquellos que no creen. «Comenzando por Moisés [...] les explicó lo referente a Él en todas las Escrituras». Desde el Pentateuco hasta los profetas, Jesús predicó a Jesús. Desde Moisés hasta Malaquías, les reveló cómo toda la Biblia judía habla de él. Mientras les enseñaba, una sombra de la cruz se posó sobre la Biblia judía. Él era el carnero en el altar de Abraham en Génesis. Era el cordero de Pascua en Éxodo, cuya sangre derramada significaba la libertad de la esclavitud y la liberación de la muerte... como hasta hoy. Era la cuerda escarlata que colgaba de la ventana de Rahab en Josué y el buen pastor sobre el que David habló en los salmos. Jesús era ese pastor. Mientras los discípulos escuchaban, comprendieron que era aquel siervo afligido sobre el que Isaías habló tan elocuentemente, y también el cuarto varón en el horno de fuego ardiente en Daniel. Con razón ardían sus corazones dentro de ellos. Él era el que hablaba... y ellos los que escuchaban.

La respuesta inmediata de los discípulos fue notable. «Levantándose en esa misma hora, regresaron a Jerusalén» para contarles a todos los demás: «Es verdad que el Señor ha resucitado» (vv. 33-34). Sus corazones encendidos se movilizaron, y con estos ardientes y palpitantes, los discípulos se apresuraron a regresar a Jerusalén por las curvas y los pasajes estrechos hasta subir al monte de Sion, para finalmente encontrar a los otros discípulos y contarles las buenas nuevas. Ahora ya no las contaban con un signo de interrogación demacrado, sino con un signo de exclamación vigoroso: «¡Está vivo!».

Uno de estos seguidores de Emaús se llamaba Cleofas. El otro es desconocido. Me gusta pensar que tal vez haya permanecido anónimo para que usted y yo podamos ponernos en su lugar mientras andamos hoy por nuestro propio camino. Quizás usted esté leyendo estas palabras con sus esperanzas frustradas y sus sueños destrozados. Deténgase. Mire. Oiga al Espíritu de Jesús a través de las Escrituras. Él continúa hablando. Y si está dispuesto a escuchar, podría irse con su propio corazón ardiendo. «Óiganlo a Él».

PALABRA CLAVE: CELULAR

Hoy, cuando suene su celular, responda y comience a escuchar, recuerde que la oración también es una conversación bidireccional. Deje de ser siempre el que habla; ¡óigalo a él!

VERSÍCULO CLAVE

Y una voz salió de la nube, que decía: «Este es Mi Hijo, Mi Escogido; oigan a Él». Después de oírse la voz, Jesús quedó solo. Ellos mantuvieron esto en secreto. (Lucas 9.35-36)

21 EL PATRÓN DE LA ORACIÓN

«Señor, enséñanos a orar».

—LUCAS 11.1

*E*n este mundo moderno, tenemos herramientas a nuestra disposición que nuestros padres nunca soñaron poseer, como los sistemas de navegación de los autos y los teléfonos inteligentes. Solo hay que escribir la dirección de destino y nos guiarán hasta allí, informándonos dónde girar, cuán lejos debemos conducir e incluso un horario estimado de llegada. Cuando los discípulos le pidieron al Señor que les enseñase a orar, le estaban pidiendo una ruta, un camino que los condujera a la sala del trono de la presencia de Dios en oración. La Biblia claramente establece esa ruta para nosotros y comienza cuando hacemos la oración de confesión.

LA ORACIÓN DE CONFESIÓN

La Biblia revela que nuestros pecados nos han separado de Dios, por tanto «su oído se ha endurecido» (Isaías 59.1-2). El rey David se lamentó: «Si observo iniquidad en mi corazón, el Señor no *me* escuchará» (Salmos 66.18). Con lo cual, es obvio que para comenzar a orar debemos reconocer y confesar nuestros pecados a él, mientras nos afirmamos en la promesa de que «si confesamos nuestros pecados, Él es fiel y justo para perdonarnos los pecados y para limpiarnos de

103

toda maldad» (1 Juan 1.9). Dedique un momento para confesarlos al Señor. Quizás haya pecados verbales, cosas que pudo haber dicho. Tal vez encuentre los de acción, algo que pudo haber hecho que transgredió la ley y la voluntad de Dios para su vida. ¿Y qué hay de los de pensamiento? No es un pecado

> Para comenzar a orar debemos reconocer y confesar nuestros pecados a él.

que cierto pensamiento cruce por su mente. Se convierte en pecado cuando no permite que haga justamente eso —cruce— y lo albergue en su corazón. También existen los de omisión, cosas que no hicimos que sabíamos que deberíamos haber hecho. La Biblia advierte que «el que encubre sus pecados no prosperará». Sin embargo, el mismo versículo promete que «el que *los* confiesa y *los* abandona hallará misericordia» (Proverbios 28.13).

LA ORACIÓN DE ACCIÓN DE GRACIAS

Una vez que hayamos confesado nuestro pecado, podemos tener un tiempo de agradecimiento. La Biblia dice: «Entren por Sus puertas con acción de gracias, *y* a Sus atrios con alabanza» (Salmos 100.4). Nunca podrá entrar a la sala del trono de la oración si no atraviesa primeramente la puerta de acción de gracias. En este cruce nos detenemos para agradecer a Dios por las bendiciones materiales: nuestro hogar, el auto, los zapatos y todo lo que tenemos. Después damos gracias por las bendiciones físicas: los ojos, la mente, el corazón, la salud. Luego, agradecemos por las personas especiales en nuestras vidas que nos hacen ser mejores de lo que seríamos de otro modo. Por último, le damos gracias por las bendiciones espirituales como el amor, el gozo, la paz y nuestra salvación. La gratitud tiene un efecto liberador. Recuerde que cuando Jonás ofreció «voz de acción de gracias» fue librado de su aprieto en el vientre de un pez (Jonás 2.9-10).

UNA ORACIÓN DE ALABANZA

Una vez que hayamos entrado por la puerta de acción de gracias, podemos pararnos en sus «atrios con alabanza» (Salmos 100.4). Nos detenemos para hacerle saber cuánto lo amamos y respondemos la pregunta que una vez le hizo a Simón Pedro: «¿Me amas?» (Juan 21.15). Entonces alabamos a Dios por sus atributos: su bondad, paciencia, misericordia, santidad, amor. Le agradecemos por lo que hace, le alabamos por lo que él es.

LA ORACIÓN DE INTERCESIÓN

Después de confesar nuestro pecado, dar gracias y ofrecer alabanzas, pasamos a la oración de intercesión. Es cuando nos acercamos al Señor en nombre de otros y oramos por nuestros familiares, pastores, misioneros, amigos, líderes políticos, etc. A través de los años, he hallado un gran gozo al orar por los que han hablado en mi contra o me han ofendido de alguna manera. Durante el tiempo de intercesión, oramos por aquellos que conocemos y que no han recibido a Jesús. En este momento, nos damos cuenta de que la persona sin Cristo está ciega a las cosas del Señor, pues «si todavía nuestro evangelio está velado, para los que se pierden está velado, en los cuales el dios de este mundo ha cegado el entendimiento de los incrédulos, para que no vean el resplandor del evangelio de la gloria de Cristo, que es la imagen de Dios» (2 Corintios 4.3-4). Por tanto, sabiendo que «las armas de nuestra contienda no son carnales, sino poderosas en Dios para la destrucción de fortalezas» (2 Corintios 10.4), intercedemos en nombre de ellos derribando fortalezas de orgullo, prejuicio, arrogancia, postergación o cualquier otra fortaleza que discernamos en la que puedan estar cautivos, y así liberarlos para escoger a Cristo.

LA ORACIÓN DE PETICIÓN

Después de las oraciones de confesión, de acción de gracias, de alabanza y de intercesión, llegamos a la de petición. En este momento, le pedimos a Dios por todo aquello que él haya puesto en nuestro corazón. Debemos deleitarnos en el Señor y él nos concederá los deseos de nuestro corazón (Salmos 37.4). Eso no quiere decir que él nos va a dar todo lo que deseemos. Pero sí significa que esos deseos en nuestros corazones fueron puestos allí por él. Él da y concede los deseos que se originan en su mismo trono.

LA ORACIÓN DE COMUNIÓN

Después de transitar ese camino de la oración, llegamos al lugar de comunión. Entonces permanecemos quietos delante de Dios con nuestra Biblia abierta, escuchando ese «susurro de brisa apacible» de él hablándonos en un momento de necesidad (1 Reyes 19.12). Cuando conocí a mi esposa, Susie, hablábamos sin parar en esas primeras citas, ambos con miedo a que el otro pudiera pensar que uno era aburrido. Sin embargo, después de haber salido por algún tiempo, nos quedábamos sentados en mi auto enfrente de la casa de sus padres, luego de una cita, sin pronunciar palabra durante un buen rato... ¡pero aún nos estábamos comunicando a nivel personal! Y del mismo modo sucede con la oración de comunión que trasciende las palabras cuando solo permanecemos quietos delante de él y escuchamos.

Si comienza a navegar a través de la oración usando esta ruta, usted, que quizás no era capaz de orar por más de cinco minutos, descubrirá que estará orando cada vez más y con más poder de lo que creía posible.

PALABRA CLAVE: NAVEGACIÓN

Hoy, cuando use su sistema de navegación para que lo conduzca a un destino, recuerde que la Biblia establece la ruta de la oración. Comience con la confesión, luego proceda con la acción de gracias, la alabanza, la intercesión y la petición, y llegará al dulce destino de la oración de comunión.

VERSÍCULO CLAVE

Me buscarán y me encontrarán, cuando me busquen de todo corazón. (Jeremías 29.13)

22   LA ORACIÓN ORIGINAL
DEL SEÑOR

«Padre, la hora ha llegado; glorifica a Tu Hijo, para que el Hijo te
glorifique a Ti [...] He manifestado Tu nombre a los hombres que
del mundo me diste [...] guárdalos en Tu nombre [...] para que sean
uno, así como Nosotros somos uno [...] Pero no ruego solo por estos,
sino también por los que han de creer en Mí por la palabra de ellos,
para que todos sean uno [...] Yo les he dado a conocer Tu nombre
[...] para que el amor con que me amaste esté en ellos y Yo en ellos».
—JUAN 17.1-26

*E*n mi agenda personal tengo marcadas ciertas fechas in-
minentes por las cuales me veo obligado a hacer algunos
preparativos de antemano. Para Jesús, «la hora ha llegado».
Su referencia a esta «hora» se relaciona con la fecha marca-
da en el calendario de la eternidad de Dios, cuando Jesús se
convertiría en el sacrificio por nuestros pecados y colgaría
suspendido entre el cielo y la tierra en una cruz romana. Él
y su grupo de seguidores salieron del aposento alto y se dirigieron al huerto de Getsemaní. Allí, Jesús oró mientras ellos
escuchaban atentamente la conversación más apasionada y
reveladora entre Dios el Padre y Dios el Hijo que se registra
en toda la Biblia.

Jesús ora por sí mismo, revelando lo que él es. Luego, lo
hace por sus discípulos, revelando lo que eran. Por último,

concluye orando por usted y por mí, junto con todas aquellas generaciones venideras que creerán en él, revelando lo que podemos ser. Aunque la oración modelo de Mateo, capítulo seis, a menudo y, erróneamente, se conoce como «la oración del Señor», esta oración sacerdotal de Jesús que Juan registró en su evangelio puede reclamar la exclusividad de ser la «oración del Señor» original.

JESÚS ORA POR SÍ MISMO

¿Cuál sería el objetivo y el propósito de sus oraciones si se enfrentara a la ejecución en cuestión de horas? Jesús enfocó su oración en sí mismo en lo que él consideró los dos aspectos inmediatos más importantes: la gloria y la gracia de Dios.

La motivación principal de nuestro Señor, en y a través de la cruz, era que el Padre recibiera la gloria. Él oró: «Glorifica a Tu Hijo». Pero ¿para qué? «Para que el Hijo te glorifique a Ti». Una de las claves en el estudio de la Biblia es siempre buscar esta pequeña preposición: *para*. Luego formular la pregunta: «¿Para qué?». Aquí Jesús ora: «Glorifica a Tu Hijo». Después, agrega «para». Y preguntamos para qué. La siguiente frase nos dice: «Para que el Hijo te glorifique a Ti». Para Jesús, orar por sí mismo implicaba asegurarse de que Dios el Padre fuera glorificado en todo lo que él hiciera.

Jesús también se enfocó en la gracia de Dios. Deténgase en una definición concluyente que dio sobre su misión en la tierra: «Y esta es la vida eterna: que te conozcan a Ti, el único Dios verdadero, y a Jesucristo, a quien has enviado» (Juan

17.3). No estaba entregado a su propio bienestar, sino a la gracia de Dios, su favor inmerecido, concedido a todo el que creyera. Después, continuó con una declaración: «Habiendo terminado la obra que me diste que hiciera» (v. 4). Con razón, algunas horas más tarde, oiríamos sus últimas palabras desde la cruz: «¡Consumado es!» (Juan 19.30). En su hora de mayor necesidad, la oración por sí mismo fue consumada cuando Dios el Padre recibió la gloria y su gracia fue distribuida gratuitamente a todo aquel que creyera.

> En su hora de mayor necesidad, la oración por sí mismo fue consumada cuando Dios el Padre recibió la gloria.

JESÚS ORA POR SUS DISCÍPULOS

Colóquese en el lugar de ellos. Sabían lo que se avecinaba. Y en ese momento escuchaban que él derramaba su corazón en oración... por ellos. Cuando leo estas palabras, me pregunto qué gran impacto sería oír a Jesús orando por mí ahora en la habitación de al lado. Si eso fuera cierto, creo que no tendría temor de mil enemigos. Y, sin embargo, él está orando por usted y por mí en este preciso instante. La Biblia dice: «Vive perpetuamente para interceder» por nosotros (Hebreos 7.25).

En su momento de mayor necesidad, Jesús oró por la seguridad y la pureza de ellos. Le rogó al Padre: «Guárdalos en Tu nombre». Tras reconocer que «el mundo los ha odiado», su deseo de despedida fue que el Padre los guardara para compartir el evangelio con un mundo expectante (Juan

111

17.14). Se enfocó no solo en su seguridad, sino también en su pureza. Le pidió al Padre que los guardara del maligno (v. 15). No oró para que fueran aislados del mundo, sino para que por medio de la Palabra fueran protegidos de los ataques de Satanás. Concluyó su oración por ellos con la petición de que también fueran «santificados en la verdad» (v. 19). Tenían la tarea de llevar el evangelio al mundo entero; por lo tanto, Jesús oró por su seguridad y pureza en la misión.

JESÚS ORA POR NOSOTROS

Sí, así es. La noche previa a su crucifixión, usted estuvo en sus pensamientos y oraciones. El enfoque de su oración por nosotros es que estuviéramos juntos, «para que todos sean uno». ¡Y para que estuviéramos juntos por la eternidad!

El deseo profundo de Jesús es que los creyentes sean «uno». ¿Para qué? Aquí aparece otra vez esa pequeña preposición *para*: «Que también ellos estén en Nosotros, *para* que el mundo crea que Tú me enviaste» (v. 21). El propósito de que los creyentes vivan en amor y unidad, juntos por la eternidad, es para que otros puedan ser atraídos a Cristo.

Jesús concluye esta petición maravillosa pidiendo que «el amor con que me amaste esté en ellos y Yo en ellos». Cuán gran amor vive en cada uno de los que creemos. Y hay más: Jesucristo mismo está vivo en todo aquel que cree. Él continúa orando para que estemos juntos (uno con él y uno con los otros), por la eternidad.

PALABRA CLAVE: CALENDARIO

Hoy, cuando mire su calendario, recuerde que para Jesús «la hora ha llegado». Estaba preparado. Pero antes de precipitarse a la sombría colina del Gólgota, se arrodilló en el huerto verde de Getsemaní y oró por usted y por mí. Aún desea que todos sus seguidores estén juntos, por la eternidad.

VERSÍCULO CLAVE

No hay judío ni griego; no hay esclavo ni libre; no hay hombre ni mujer, porque todos son uno en Cristo Jesús. (Gálatas 3.28)

23   ORE CON PODER

«Unánimes alzaron la voz a Dios y dijeron [...] "Ahora,
Señor, considera sus amenazas, y permite que Tus
siervos hablen Tu palabra con toda confianza, mientras
extiendes Tu mano para que se hagan curaciones, señales y
prodigios mediante el nombre de Tu santo Siervo Jesús"».
—HECHOS 4.24-30

*J*esús se había ido... físicamente. Los discípulos habían presenciado la agonía de la crucifixión, habían estado con él durante esos días posteriores a la resurrección cuando todavía mantenía su cuerpo glorificado, lo habían visto ascender al cielo desde el monte de los Olivos y, en ese momento, con la esperanza de que pronto regresaría, eran víctimas de una tremenda persecución. Pedro y Juan habían sido arrestados y, una vez puestos en libertad, las autoridades les ordenaron «no hablar ni enseñar en el nombre de Jesús» (Hechos 4.18). Fue la peor época y el mejor de los tiempos para la iglesia primitiva. Miles de personas fueron introducidas al reino de Dios gracias al testimonio de los discípulos y de la iglesia (se registran tres mil almas en Hechos 2 y otras cinco mil en Hechos 4). La iglesia primitiva crecía de manera exponencial.

El cuarto capítulo de Hechos revela una de las mejores reuniones de oración de toda la historia. El secreto de la iglesia primitiva residía en que eran personas de oración; sabían cómo orar con poder y obtener resultados. Una observación detallada de esta reunión de oración en particular, nos revela tres secretos para orar con poder. El poder de la oración implica ser escritural, específico y sumiso.

Cuando Pedro y Juan fueron puestos en libertad se dirigieron directamente a sus compañeros y les contaron lo que había sucedido. La primera inclinación del grupo no fue planear o tramar qué hacer a continuación, sino orar. Se aferraron a la inequívoca Palabra de Dios y se afirmaron en ella.

> El secreto de la iglesia primitiva residía en que eran personas de oración.

EL PODER DE LA ORACIÓN ES ESCRITURAL

El poder de la oración implica *ser escritural*. La oración y la Biblia van de la mano. La oración sin la Biblia carece de dirección. Y, por el contrario, la Biblia sin la oración no tiene dinámica.

Su oración por poder comienza cuando se afirmaron en la Palabra de Dios, específicamente en Salmos 2.1-2. Óigalos orar: «Oh, Señor [...] *por* boca de nuestro padre David, Tu siervo, dijiste: "¿POR QUÉ SE ENFURECIERON LOS GENTILES, Y LOS PUEBLOS TRAMARON COSAS VANAS? SE PRESENTARON LOS REYES DE LA TIERRA, Y LOS GOBERNANTES SE JUNTARON A UNA CONTRA EL SEÑOR Y CONTRA SU CRISTO"» (Hechos

4.24-26). Hallaron sus fuerzas y la respuesta a su dilema en la Palabra de Dios. Se percataron de que eso es exactamente lo que Dios dijo por medio de David setecientos años antes de que sucediera. Los «reyes de la tierra» (Herodes), los «gobernantes» (Poncio Pilato), los «gentiles» (los romanos) y los «pueblos» (los judíos).

Orar las Escrituras de tal manera los llevó a ver que Dios estaba en control. Su oración continuó, reconocieron que lo que estaba aconteciendo era solo para hacer «cuanto Tu mano y Tu propósito habían predestinado que sucediera» (v. 28). Esos primeros creyentes oraban con poder porque sabían las Escrituras y las usaban en sus oraciones. Ofrecían la Palabra de regreso a Dios. Se aferraban a ella. La creían. Declaraban sus promesas como propias. Nada empodera más la oración del creyente como memorizar la Escritura y declarar la Palabra de Dios cuando oramos. Hace descender la autoridad y el poder del cielo a la bancarrota espiritual de los hombres, y produce poder.

EL PODER DE LA ORACIÓN ES ESPECÍFICO

El poder de la oración no solo implica ser escritural, sino también *específico*. Su futuro inmediato parecía sombrío. Eran objeto de amenazas, encarcelamientos, azotes e incluso muerte. El Señor les había advertido que en el mundo tendrían tribulación (Juan 16.33). Entonces, ¿cómo orarían? No era un momento para generalidades, un «Dios ayúdanos,

Dios bendice nuestro trabajo». Ellos oraron específicamente por dos cosas: valor y confirmación.

Oraron por *valor*: «Permite que Tus siervos hablen Tu palabra con toda confianza» (Hechos 4.29). Se dieron cuenta de que los mayores peligros provenían de adentro y no de afuera. Así que no huyeron a ningún monasterio para escaparse del mundo; oraron para ser valientes. Necesitaban una confianza sobrenatural para superar sus miedos.

Se referían a sí mismos como «siervos», esclavos. Habían renunciado a sus propios derechos para someterse al control de su Maestro. Y en ese momento tenían la petición específica de no huir de sus adversarios con cobardía, sino de enfrentarlos con audacia y valor.

Asimismo, oraron específicamente por *confirmación*: «Para que se hagan curaciones, señales y prodigios mediante el nombre de Tu santo Siervo Jesús» (v. 30). Le pidieron a Dios que confirmara su nueva fe con manifestaciones milagrosas que sustituirían las explicaciones humanas. ¡Y así fue! Hay tanto que la iglesia moderna puede aprender de esa reunión de oración en Jerusalén hace dos mil años. Dios honra las oraciones que son escriturales y específicas. Atrévase a pedirle por aquello que solo él puede hacer y sea específico cuando ore.

EL PODER DE LA ORACIÓN
ES DESINTERESADO

El poder de la oración también implica *ser desinteresados* cuando oramos. Estos hombres y mujeres estaban mucho más preocupados por honrar a Cristo que por sus propias reputaciones. Dejaban sus vidas a un lado. Tenían la precaución de no llevarse el crédito, reconociendo que era solo «mediante el nombre de Tu santo Siervo Jesús» que lograban sus victorias (v. 30). Es interesante notar que nunca encontramos a Simón Pedro ni a ninguno de los primeros creyentes acercándose a Dios basados en sus propios méritos, sino solo en el nombre de Cristo. Eran lo suficientemente sabios como para saber que el Padre no concedería sus peticiones de acuerdo con lo que ellos eran o lo que habían hecho, sino de acuerdo con lo que el Señor Jesús es y lo que ha hecho.

Esos primeros creyentes nunca le pidieron a Dios que quitase sus problemas, sino que les diera nuevas fuerzas para afrontarlos. Quizás Dios no le quite su problema, pero si ora con poder, le dará la gracia para manejarlo. Sea escritural cuando ore. Encuentre una promesa de la Biblia y afírmese en ella. Reclámela para su vida. Sea específico. Ore con fe. Y sea desinteresado. Busque el bien supremo de Cristo y el deseo de que en y a través de todas las cosas él sea glorificado.

PALABRA CLAVE: ENCENDIDO

Hoy, cuando arranque su coche, recuerde la potencia que ese poderoso motor puede encender, y así rememore que hay poder en la oración: la oración escritural, la oración específica y la oración desinteresada.

VERSÍCULO CLAVE

Por mano de los apóstoles se realizaban muchas señales y prodigios entre el pueblo; y acostumbraban a estar todos de común acuerdo en el pórtico de Salomón. (Hechos 5.12)

24 ¿QUÉ SUCEDE CUANDO LA GENTE ORA?

«Después que oraron, el lugar donde estaban reunidos tembló,
y todos fueron llenos del Espíritu Santo y hablaban la palabra
de Dios con valor. La congregación de los que creyeron era
de un corazón y un alma. Ninguno decía ser suyo lo que
poseía, sino que todas las cosas eran de propiedad común».
—HECHOS 4.31-32

*L*a iglesia primitiva no enfrentaba sus dificultades y desafíos con protestas o política, sino con la oración, la cual producía una experiencia de vida poderosa. Los versículos precedentes presentan una de las reuniones de oración más dinámicas e instructivas de la historia. El versículo 31 comienza: «Después que oraron...». ¿Podemos esperar, dos mil años más tarde, que sucedan las mismas cosas cuando oramos con poder como ellos? Hay cinco manifestaciones resultantes de las oraciones escriturales, específicas y desinteresadas que encontramos registradas en Hechos 4.

CUANDO ORAMOS *COMENZAMOS A PERCIBIR LA PRESENCIA DE DIOS*

El lugar donde se habían reunido «tembló». ¡Sabían que Dios estaba en medio de ellos! Podían percibir su misma presencia. Preste atención al orden de los hechos. Fue después de haber orado que el lugar tembló, no tembló el lugar y luego comenzaron a orar. Tal vez la razón por la que a menudo no sentimos su presencia sea porque esperamos hasta que algo a nuestro alrededor tiemble para comenzar a orar.

Es posible involucrarse tanto con las cosas buenas, las cosas de Dios, que de hecho perdemos el sentido de que él está cerca y, al igual que Jacob, después tenemos que confesar: «Ciertamente el Señor está en este lugar y yo no lo sabía» (Génesis 28.16). Pero cuando oramos como lo hicieron los primeros creyentes, se siente en el entorno.

CUANDO ORAMOS *COMENZAMOS A RECIBIR EL PODER DE DIOS*

La Biblia registra que «Después que oraron [...] todos fueron llenos del Espíritu Santo». El poder de Dios en nuestras vidas proviene de la oración. Las experiencias del pasado nunca serán suficientes para los compromisos del presente. La oración se renueva cada mañana, al igual que su plenitud para nuestras vidas.

En la Epístola a los Efesios, Pablo nos exhorta a cada uno de nosotros a ser «llenos del Espíritu» (Efesios 5.18). Luego, en los tres versículos siguientes, expone la demostración obvia de que el Espíritu de Dios es el que nos llena. Hay una evidencia interior: «Cantando y alabando con su corazón al Señor». Hay una evidencia ascendente: «Den siempre gracias por todo». Y hay una evidencia exterior: «Sométanse unos a otros».

Mucho de lo que sucede en nuestras iglesias en la actualidad se puede explicar con planes y programas humanos. Pero nuestra mayor necesidad es el poder, el cual solo viene a través de la oración.

CUANDO ORAMOS *COMENZAMOS A CUMPLIR EL PROPÓSITO DE DIOS*

¿Para qué nos llena el Espíritu? A fin de poder declarar la Palabra de Dios con «valor». Ese es el propósito de Dios para cada creyente: difundir el evangelio. Escuche algunas de las últimas palabras del Señor antes de ascender al cielo: «Pero recibirán poder cuando el Espíritu Santo venga sobre ustedes; y serán Mis testigos [...] hasta los confines de la tierra» (Hechos 1.8). Recibimos el poder de Dios por la razón expresa de difundir su glorioso evangelio en el mundo entero.

En una generación, esta iglesia primitiva consiguió exactamente lo que quería. Sin medios como la radio, la televisión, las imprentas, internet ni ningún otro para comunicar el evangelio como tenemos hoy a nuestra disposición, llevaron las buenas nuevas desde Jerusalén hasta la sede del poder romano y lo sacudieron hasta los cimientos. Cuando oramos como ellos lo hicieron, también podemos comenzar a cumplir el propósito de Dios para nosotros en esta generación.

> ¿Para qué nos llena el Espíritu? A fin de poder declarar la Palabra de Dios con «valor».

CUANDO ORAMOS *COMENZAMOS A CREER EN LAS PROMESAS DE DIOS*

La multitud de los «que creyeron» era de «un corazón y un alma» y con «gran poder [...] daban testimonio» de Cristo a este mundo (Hechos 4.32-33). Creyeron en las promesas que Dios les había dado en su Palabra y se mantuvieron firmes en ellas. Después de todo, «la fe *viene* del oír, y el oír, por la palabra de Cristo» (Romanos 10.17).

La unidad es el elemento más efectivo de una iglesia que ora. Creer en las promesas de Dios hizo que ellos fueran de «un corazón y un alma» (Hechos 4.32). De hecho, nuestro Señor dijo que esta es precisamente la cuestión que demuestra al mundo que el Padre lo envió. En su oración intercesora por excelencia, la noche previa a la crucifixión, él oró: «Para que todos sean uno. Como Tú, oh Padre, *estás* en Mí y Yo en Ti, que también ellos estén en Nosotros, para que el mundo crea que Tú me enviaste» (Juan 17.21).

CUANDO ORAMOS *COMENZAMOS A LIBRAR AL PUEBLO DE DIOS*

Uno de los resultados de orar con poder estaba en que «todas las cosas eran de propiedad común. Con gran poder los apóstoles daban testimonio de la resurrección del Señor Jesús, y había abundante gracia sobre todos ellos» (Hechos 4.32-33). Ser la mano extendida de Cristo sobre aquellos en necesidad es la respuesta natural de una vida que está saturada e impregnada de oración.

Sabremos que hemos orado con poder cuando —al igual que nuestros antepasados espirituales en Jerusalén— comencemos a sentir que Dios está cerca, vivamos en su poder, estemos al servicio de sus propósitos, nos aferremos a sus promesas y tengamos un corazón para ayudar y sanar a otros en necesidad.

PALABRA CLAVE: PARARSE

Hoy, cuando se ponga frente al espejo y se prepare para el comienzo de su día, recuerde las promesas de Dios. Estas son personales y poderosas.

VERSÍCULO CLAVE

Así que la fe viene del oír, y el oír, por la palabra de Cristo. (Romanos 10.17)

25   UNA ORACIÓN POR INSTRUCCIÓN

«¿Qué quieres que yo haga?».

—HECHOS 9.6, RVR1960

*A*lgunas de las oraciones más informativas e instructivas son aquellas que como flechas fueron disparadas desde corazones desesperados. Pablo, que casi sin ayuda llevó el evangelio hasta los confines del mundo conocido y nos dejó la mitad del Nuevo Testamento a través de sus escritos, no siempre fue un líder cristiano activo. Originalmente, conocido como Saulo, comenzó siendo la antítesis misma de lo que hoy sabemos sobre él. Era un «judío de judíos» que veía el nuevo movimiento cristiano como una amenaza a todo lo que había conocido y procurado preservar. Se convirtió en la persona encargada de ponerle fin a este fenómeno en auge. En Hechos 8, su célula terrorista, que operaba en Jerusalén, leemos que había eliminado con éxito a Esteban, el primer mártir cristiano. Estaba involucrado en una campaña de alta intensidad de intimidación y muerte para destruir al nuevo movimiento de la iglesia en expansión.

Cuando iba camino a Damasco para acabar con los nuevos cristianos que se reunían en esa ciudad, algo sucedió que transformó su vida para siempre. «De repente resplandeció a su alrededor una luz del cielo. Al caer a tierra, oyó una voz que le decía: "Saulo, Saulo, ¿por qué me persigues?"» (Hechos 9.3-4). Se trataba del Cristo resucitado que milagrosamente se le había aparecido. Entonces, «temblando y temeroso» preguntó: «Señor, ¿qué quieres que yo haga?» (v. 6, RVR1960). Este se convirtió en el deseo ardiente de su vida: conocer la instrucción de Dios y hacer lo que complacía al Señor. Ya sea cuando experimentó el naufragio en Malta, o cuando fue apedreado y dado por muerto en Listra, cuando fue golpeado y encarcelado en Filipos y, finalmente, cuando iba a ser decapitado afuera de las puertas de la ciudad de Roma, esta oración: «Señor, ¿qué quieres que yo haga?» se volvió la motivación de su vida.

Esa pregunta es la oración que cada creyente debería hacerse de continuo: «Señor, ¿qué quieres que yo haga?». En algún lugar hay algo por hacer que nadie más puede realizarlo como usted. Su vida tiene un propósito que, de acuerdo con Jeremías, existió incluso antes de que tuviera su primer aliento. Mediante la pluma del profeta, Dios expresó: «Antes que Yo te formara en el seno materno, te conocí, y antes que nacieras, te consagré; te puse por profeta a las naciones» (Jeremías 1.5).

> Esa pregunta es la oración que cada creyente debería hacerse de continuo: «Señor, ¿qué quieres que yo haga?».

Como Jeremías y Pablo, usted también posee un propósito dado por Dios que debería motivarlo a orar: «Señor, ¿qué quieres que yo haga?».

Poner en práctica esta interrogante en nuestra propia vida requerirá hacernos dos preguntas: ¿Quién? y ¿Qué?

La primera pregunta sería «¿quién?». Note el orden de los pronombres personales en la pregunta de Pablo. ¡*Tú* viene antes de *yo*! Muchos de nosotros oramos algo en este sentido: «Señor, aquí están hoy mis órdenes del día para ti. Bendíceme, cuida a mi familia, suple esta necesidad, ocúpate de esa persona». Eso resulta en una actitud que dice: «¿Qué has hecho por mí últimamente?». Pero un nuevo día amanecerá en su experiencia cristiana en el cual coloque a Cristo en primer lugar y comience cada día orando: «Señor, ¿qué *quieres* que *yo* haga hoy?».

Recuerde esta verdad: Él lo conoce... conoció... conocerá... todo de usted. No solo sabía que usted estaba en el vientre. No hay nada sorprendente en ello. Cualquiera podría haber llegado a esa conclusión durante el embarazo de su madre. Pero Dios lo conoció incluso antes de que fuera concebido. Usted no es un accidente. Nadie en este planeta tiene su misma huella dactilar o ADN. Dios tiene un propósito específico, diseñado a la medida para su vida. Si esto es cierto, ¿quién de nosotros no querría hallar ese tipo de instrucción en la vida? ¿Y quién de nosotros no querría orar: «Señor, ¿qué quieres que yo haga?». El «quién» es importante. No se trata de usted, sino de él. No se trata de lo que usted quiere hacer, sino de lo que Dios quiere que usted haga; eso es lo que más importa.

Luego viene la pregunta del «¿qué?». Pablo preguntó: «¿*Qué* quieres que yo *haga*?». La respuesta llega cuando se da cuenta de que Dios no solo lo conoció antes de que naciera, sino que además lo separó y tiene una misión para usted que nadie más puede realizar. Así como Dios «consagró» a Jeremías y a Pablo para una tarea concreta, él le ha asignado exclusivamente una misión específica. Esta palabra que se tradujo como «consagrar» se encuentra en el Antiguo Testamento y significa «asignar, designar». Es interesante notar que ese mismo término se utilizó en el primer capítulo de la Biblia, cuando leemos cómo Dios «puso [las estrellas] en la expansión de los cielos» (Génesis 1.17). Cada una de los millones de estrellas tiene su lugar designado, puesto por Dios, y todas se mueven con precisión absoluta. De la misma manera en que Dios ha establecido y asignado cada estrella, él nos ha asignado una misión para llevar a cabo. El verdadero éxito en la vida no reside en simplemente conocer cuál es el plan de Dios para nosotros, sino en cumplirlo.

Que esta petición de Pablo pueda llegar a ser su oración diaria. Cuando así sea, quizás la encuentre tan transformadora como lo fue para él. Adelante, ore ahora: «Señor, ¿qué *quieres* que *yo haga*?». Y cuando ore de esta manera, obtendrá la promesa de Dios: «Me darás a conocer la senda de la vida; en Tu presencia hay plenitud de gozo; en Tu diestra hay deleites para siempre» (Salmos 16.11).

PALABRA CLAVE: ESTRELLA

Salga esta noche por un momento y mire las estrellas en los cielos. Que estas sean un recordatorio de que Dios las puso en su lugar. De la misma manera, él conoce su vida y tiene un plan maravilloso para usted. Él no se lo ocultará si ora con un corazón sincero: «Señor, ¿qué quieres que yo haga?».

VERSÍCULO CLAVE

Yo te haré saber y te enseñaré el camino en que debes andar;
Te aconsejaré con Mis ojos puestos en ti. (Salmos 32.8)

26   DIOS LO ESCUCHA

*«Así pues, Pedro era custodiado en la cárcel, pero la
iglesia hacía oración ferviente a Dios por él».*
—HECHOS 12.5

¿Ha pasado alguna vez por un tiempo en el cual simplemente no sabía qué hacer, cuando parecía que perdía la esperanza? Los primeros creyentes vivieron en un tiempo semejante en el capítulo doce de Hechos. El rey Herodes ejercía una presión tremenda sobre esos seguidores de Cristo. Juan el Bautista había sido decapitado; Jesús, crucificado y ahora Jacobo, el hermano de Juan, martirizado a espada. Viendo que eso «agradaba a los judíos», Herodes hizo arrestar a Simón Pedro.

Si bien no vivimos en la Palestina del siglo primero, los que en la actualidad seguimos a Cristo a menudo nos enfrentamos a nuestros propios obstáculos que nos hacen sentir a veces como si la esperanza también se desvaneciera para nosotros. Hoy muchos están viviendo al límite y se preguntan si Dios es siquiera consciente de nuestras necesidades. Durante estas situaciones, hay algunas cuestiones que debemos recordar: Dios nos mira. Dios nos escucha. Dios nos guía.

DIOS NOS MIRA

Dios sabía que Pedro estaba en la cárcel (Hechos 12.1-4). Ni una vez en la Biblia Jesús se encontró ante una situación y dijo: «¡Vaya, qué sorpresa!». Él siempre está mirando. La Biblia dice: «Porque los ojos del Señor recorren toda la tierra para fortalecer a aquellos cuyo corazón es completamente Suyo» (2 Crónicas 16.9). Si él ve un pajarillo cuando cae (Mateo 10.29), ¿cuánto más conoce cada una de las necesidades de usted?

A veces pensamos que nadie nos ve, que a nadie le importa nuestra vida. Pero a Dios sí. Él mira. Él lo ve. Simón Pedro nunca logró escapar de este pensamiento. Más tarde, escribiría una carta a la iglesia dispersa para decir: «Los ojos del Señor están sobre los justos, y Sus oídos atentos a sus oraciones» (1 Pedro 3.12). Dios está mirando. Él ve todo lo que está sucediendo en su vida en este preciso momento.

DIOS NOS ESCUCHA

Una cosa es saber que él nos ve, pero cuán maravilloso es saber que en verdad nos escucha. Mientras Pedro estaba encarcelado bajo gran custodia, Hechos 12.5 registra: «Así pues, Pedro era custodiado en la cárcel, pero la iglesia hacía oración ferviente a Dios por él». Y Dios los escuchó. Si esto fuera registrado hoy, el versículo diría: «Pedro era custodiado en la cárcel, pero la iglesia peticionó a su favor... o presionó a los políticos... o trató de tomar el control de la comisaría local... o protestaron en su nombre». Dos palabras: *influencia* y *poder*, describen la diferencia entre la iglesia primitiva y la moderna. Esos creyentes de Hechos 12 carecían de la influencia suficiente para liberar a Pedro de la cárcel, pero tenían el poder suficiente para orar por él porque estaban convencidos de que Dios escuchaba.

Dios escucha sus oraciones. Quizás sea propenso a decir: «Bueno, si está escuchando, no parece estar respondiendo». Pero Dios siempre responde nuestras oraciones. Siempre. A veces su respuesta es *directa*. Oramos y casi de inmediato vemos la respuesta. A veces se *demora*. Oramos y por sus propias buenas razones, Dios parece colocarnos en un patrón de espera. Luego, hay ocasiones cuando la respuesta es *diferente*. Es decir, él responde, pero de una manera distinta y mejor que la anticipada por nosotros. Y, por último, hay ocasiones cuando *rechaza* nuestra petición. Estoy agradecido de que Dios no haya respondido todas mis oraciones de modo afirmativo, porque a veces le he pedido algo que en su providencia no era lo mejor para mí en ese momento. Cuando oramos, podemos estar seguros de que Dios no solo mira; también escucha.

DIOS NOS GUÍA

En respuesta a las oraciones de la iglesia, un ángel del Señor se le apareció a Pedro y lo condujo fuera de la prisión. Cuando llegaron a la puerta de la cárcel, el «portón de hierro que daba a la ciudad [...] se les abrió por sí solo, y salieron» (Hechos

12.10, NVI). Hay muchas puertas en la vida que podemos abrir, pero hay otras puertas de hierro que son imposibilidades humanas en las que no hay esperanza a menos que él abra la puerta de manera sobrenatural. Algunos de nosotros nos enfrentamos a esas puertas de hierro y golpeamos hasta que nuestros nudillos quedan ensangrentados y magullados, pero las mismas solo pueden ser abiertas con la «oración ferviente» dirigida a un Dios que mira, escucha y guía.

Pedro corrió hasta la casa donde sabía que la iglesia se estaba reuniendo y comenzó a golpear la puerta. Cuando se identificó, no le abrieron la puerta. Aquí Dios respondió su oración específica, pero no estaban preparados para creerlo. Es interesante notar que Dios abrió la puerta de hierro de la cárcel, pero no la puerta de madera de la iglesia. Adentro, esos hombres y mujeres oraban fervientemente. Pero el hecho es que llega un momento para que dejemos de orar, creamos y vayamos a abrir la puerta.

> Llega un momento para que dejemos de orar, creamos y vayamos a abrir la puerta.

Dios no ha abandonado su trono después de todos estos siglos. Hoy sigue mirando. Nada de lo que le ha sucedido, es desconocido para él ni le sorprende. Él lo está mirando... en este preciso momento. Hoy sigue escuchando. Sus oídos están atentos a sus oraciones. Y, él continúa guiando a todo aquel que cree y le sigue. Simón Pedro pasó de esta experiencia a los mejores días de su vida. Se convirtió en el líder indiscutible de la iglesia de Jerusalén antes de enfrentar su propia muerte como mártir al ser crucificado cabeza abajo, ya que insistía en que no era digno de ser crucificado de la misma manera que su Maestro. Todavía tenemos a un Dios que nos ve, que está dispuesto a oír cada una de nuestras peticiones y que desea guiarnos por el camino que ha escogido para nosotros. Dios nos escucha.

PALABRA CLAVE: PUERTA

Hoy, cuando pase a través de una puerta, recuerde que existen algunas puertas en la vida que son humanamente imposibles de cruzar a menos que Dios intervenga. Y permítame recordarle que su gran Dios lo ve, lo escucha y lo guía.

VERSÍCULO CLAVE

En todo lugar están los ojos del Señor, observando a los malos y a los buenos. (Proverbios 15.3)

27 PRIMERO LO PRIMERO

«Exhorto, pues, ante todo que se hagan plegarias, oraciones, peticiones y acciones de gracias por todos los hombres, por los reyes y por todos los que están en autoridad, para que podamos vivir una vida tranquila y sosegada con toda piedad y dignidad. Porque esto es bueno y agradable delante de Dios nuestro Salvador, el cual quiere que todos los hombres sean salvos y vengan al pleno conocimiento de la verdad».

—1 TIMOTEO 2.1-4

Hace algún tiempo, el pastor de una de las iglesias más grandes del país presentó una visión en la que expuso los planes para la siguiente década de expansión. Manifestó delante de la gente sus sueños con respecto a los nuevos edificios y presupuestos. La congregación se puso de pie y estalló en aplausos al oír hacia dónde el pastor los estaba conduciendo. Pero una cosa faltó en toda la presentación: no mencionó qué lugar ocuparía la oración en ese gran esfuerzo.

Cuán diametralmente opuesta era la visión de Pablo en cuanto al crecimiento de la iglesia. Escuche con atención las instrucciones que le da al joven pastor Timoteo: «Exhorto, pues, *ante todo* que se hagan plegarias, oraciones, peticiones *y* acciones de gracias por todos los hombres» (énfasis mío). En nuestro mundo moderno hay libros a montones sobre el crecimiento de la iglesia cuyas filosofías están basadas en el desempeño. Algunos son impulsados por programas, otros por filosofías y otros por propósitos. Pablo nos dejó varias cartas en el Nuevo Testamento equivalentes a pequeños volúmenes sobre el crecimiento de la iglesia; y cada uno de ellos es impulsado por la oración.

> El camino hacia la adoración es siempre a través de la puerta de la oración y de la alabanza.

El propósito principal de la iglesia es la adoración al Señor Jesucristo, y el camino hacia la adoración es siempre a través de la puerta de la oración y de la alabanza. Pablo nos muestra en este capítulo la prioridad urgente y el propósito supremo de la oración.

LA PRIORIDAD URGENTE DE LA ORACIÓN

La oración trae consigo una *prioridad urgente*. Cuando Pablo le dice a Timoteo y nos dice: «Exhorto», no es una simple sugerencia. Tampoco una orden impuesta forzadamente. Esta palabra significa incitar, rogar, animar. Pablo está expresando: «Te animo, te imploro, te ruego que veas que la oración es tu prioridad». Como un entrenador de campeonato dando una charla motivadora justo antes del gran partido, Pablo está estableciendo el orden de lo que debería ser nuestra prioridad urgente en la vida cristiana: la oración.

Cuando el apóstol dice: «Ante todo», está expresando que la oración tiene que estar a la vanguardia de todo lo que hacemos. El secreto del éxito en la iglesia primitiva era la manera en que constantemente luchaban para mantener la oración como su prioridad principal. Eso evocaba las palabras de Jesús: «MI CASA SERÁ LLAMADA CASA DE ORACIÓN» (Mateo 21.13). Antes de ser la casa de estudio bíblico, de comunión, de evangelización, de misiones, etc., debe ser conocida como la «casa de oración».

Pablo nos recuerda que nuestras oraciones deben consistir «en plegarias, oraciones, peticiones *y* acciones de gracias». La palabra traducida como «plegarias» [o súplicas, en la NVI] retrata una intensa y especial necesidad personal. Es una oración que brota de una carga por algo que puede estar faltando, alguna necesidad especial. Describe a aquellos que suplican delante de Dios con quebranto y lágrimas por las necesidades de los demás como también de sí mismos. Luego debemos hacer «oraciones». En griego, este término posee una connotación de reverencia que otros sinónimos en cuanto a la oración no tienen. Describe la manera en que debemos presentarnos ante la realeza. Y luego, el apóstol agrega las «peticiones» [«que se ore por todos», en la versión PDT] a esta lista de prioridades. Este vocablo significa que nos presentamos delante de Dios en nombre de otra persona. Qué privilegio encontrarnos con Dios en nombre de alguien y exponer sus necesidades delante de su trono. Por último, Pablo agrega las «acciones de gracias». La gratitud tiene un efecto liberador. Pregúntele a Jonás, que ofreció sacrificios de acción de gracias desde el vientre del pez y fue liberado de inmediato (Jonás 2.9).

La Biblia nos presenta aquí una bella expresión de la oración en una escala ascendente. Acudimos a él con nuestros pedidos de oración (plegarias); luego, él nos guía para pedir por mayores bendiciones (oraciones) y entonces nos paramos con valor en la brecha al interceder por otros (peticiones), lo que hace que nuestra devoción se exprese en acciones de gracias. La oración es nuestra prioridad urgente.

EL PROPÓSITO SUPREMO DE LA ORACIÓN

La oración siempre trae consigo un *propósito supremo*: glorificar a Dios mediante la salvación de las almas a las que Jesús vino a salvar. Pablo planteó esto cuando dijo que Dios «quiere que todos los hombres sean salvos y vengan al pleno conocimiento de la verdad». Este es el deseo manifiesto de Dios, su voluntad, y esta debería ser nuestro propósito supremo.

Una vez la oración fue prioridad en nuestra nación. Cada mañana, en mi escuela primaria pública comenzábamos el día con una oración por el intercomunicador. Una vez creímos que la oración realmente podía cambiar las cosas en nuestras vidas y en el mundo. Sin embargo, esta ha quedado relegada por debajo de la categoría de las manifestaciones, las protestas y la política. La iglesia primitiva nunca trató de transformar su mundo desde afuera con planes y programas, sino desde adentro, manteniendo su prioridad en la oración. Y vieron el propósito supremo de Dios cumplirse de maneras que ninguna otra generación ha visto.

Pablo le recuerda al joven Timoteo lo que es «bueno y agradable delante de Dios nuestro Salvador»: que Dios «quiere que todos los hombres sean salvos y vengan al pleno conocimiento de la verdad». Este es el fundamento de Dios. No garantiza que todos serán salvos. No ocurrirá así. No somos marionetas; somos personas con la capacidad de tomar nuestras propias decisiones. Dios nos creó de esta manera porque el amor que podamos devolverle por voluntad propia es indescriptiblemente valioso para él. Envía el Espíritu Santo para convencernos, nos atrae a él, su amor nos constriñe, su bondad nos guía al arrepentimiento. Pero, en definitiva, la decisión es nuestra. Su corazón anhela que le conozcamos y que lleguemos a conocer la verdad, pues el conocimiento de la verdad «los hará libres» (Juan 8.32).

PALABRA CLAVE: CASA

Hoy, cuando salga de su casa, o esta noche, cuando regrese, pídale a Dios que le recuerde que la oración es nuestra prioridad urgente y lleva consigo nuestro propósito supremo. Jesús dijo: «MI CASA SERÁ LLAMADA CASA DE ORACIÓN» (Mateo 21.13).

VERSÍCULO CLAVE

Estén siempre gozosos. Oren sin cesar. Den gracias en todo, porque esta es la voluntad de Dios para ustedes en Cristo Jesús. (1 Tesalonicenses 5.16-18)

28 REVÍSTASE CON LA ARMADURA DEL EVANGELIO

«Por lo demás, fortalézcanse en el Señor y en el poder de su fuerza. Revístanse con toda la armadura de Dios para que puedan estar firmes contra las insidias del diablo [...] Con toda oración y súplica oren en todo tiempo en el Espíritu, y así, velen con toda perseverancia y súplica por todos los santos».
—EFESIOS 6.10-11, 18

*E*xiste un mundo invisible a nuestro alrededor. La mayoría de los creyentes viven ajenos a este. Nos orientamos mejor en un mundo que podemos sentir, ver, palpar, gustar u oler. Sin embargo, mucho de lo que sucede en el entorno es totalmente ajeno al ojo físico. Por ejemplo, hay imágenes de colores y todo tipo de música que gira alrededor nuestro. Si tuviéramos un monitor de televisor, podríamos sacarlos del aire y ponerlos en la pantalla; lo mismo sucede con la radio y la música. También existe en este mundo invisible que nos rodea una gran confrontación cósmica entre las fuerzas de Satanás y las de Dios. Satanás busca constantemente mentirnos y engañarnos al disparar sus flechas de duda en nuestra dirección.

¿Cómo podemos permanecer firmes contra él y sus engaños? Pablo nos exhorta a «[revestirnos] con toda la armadura de Dios». Escribe esta Epístola a los Efesios desde su encarcelamiento en Roma. Un soldado romano con su armadura completa lo custodia. El apóstol ve una analogía perfecta y comienza a decirnos: «Revístanse con toda la armadura de Dios»... el cinturón de la verdad, la coraza de justicia, el calzado de la paz, el escudo de la fe, el casco de la salvación y la espada del Espíritu. Cada una de estas piezas de la armadura de Dios, las cuales nos permiten «estar firmes contra las insidias del diablo», deberían colocarse durante la oración. A menudo, comienzo mi tiempo de oración personal por las mañanas repasando estos versículos y asegurándome, antes de enfrentar el nuevo día, de revestirme con esa armadura del evangelio, y me detengo con cada pieza y hago una oración.

Colóquese el cinturón, «CEÑIDA SU CINTURA CON LA VERDAD» (Efesios 6.14). El uso de ese cinturón no se trataba de una declaración de moda, aludiendo a un costoso cinturón Hermès o Gucci. Para el soldado romano, el cinturón era lo que mantenía todo en su lugar. Si no fuera por él, la túnica no podría meterse por dentro, la espada no podría ser envainada y la coraza no podría asegurarse. ¿Y de qué es este cinturón? De la «verdad». No hay esperanza de derrotar al diablo si no comenzamos con la verdad de la Palabra de Dios. Esta verdad sostiene todas las cosas. Por tanto, revístase de la verdad de Dios. Determine afirmarse cada día en ella.

Revístase con «LA CORAZA DE LA JUSTICIA» (v. 14). Luego, en nuestro tiempo de oración nos detenemos aquí para asegurarnos de que tengamos la coraza en su lugar. La coraza cubría el corazón y protegía los órganos vitales del soldado. Eso es lo que la justicia de Cristo imputada hace por nosotros. Más adelante, Pablo había recordado a los corintios, y a nosotros, que Dios «al que no conoció pecado, lo hizo pecado por nosotros, para que fuéramos hechos justicia de Dios en Él» (2 Corintios 5.21). No es nuestra justicia la que nos protege. Tenemos que revestirnos de la coraza de su justicia y permanecer en ella cada día.

Después, nos aseguramos de que nuestros pies estén calzados con «LA PREPARACIÓN PARA ANUNCIAR EL EVANGELIO DE LA PAZ» (Efesios 6.15). Cualquier soldado, o cualquier niño que haya tenido una disputa juvenil en el patio de juegos, sabe que nunca se pelea descalzo. El calzado es de vital importancia, y esos zapatos a los cuales Pablo se refiere son el calzado de la «paz». Nunca experimentaremos una paz exterior hacia otros hasta que tengamos una paz interior. Y esto resultará imposible sin una paz ascendente que provenga de una relación con Cristo, que es nuestra paz.

> Nunca experimentaremos una paz exterior hacia otros hasta que tengamos una paz interior.

Ahora es momento de tomar «el escudo de la fe» en nuestra jornada de la oración (v. 16). Este es el que brinda protección de las flechas del enemigo que, sin advertencia, atacaban como dardos encendidos a los antiguos guerreros. ¿Cuál es nuestro escudo? Nuestra fe. Cuando Satanás nos lanza sus flechas encendidas de duda, imaginación, acusación, etc., alzamos contra él nuestro escudo de la fe. Dado que «la fe *viene* del oír, y el oír, por la palabra de Cristo» (Romanos 10.17), si nos arroja una flecha de culpa, levantamos nuestro escudo, diciendo: «No hay condenación para los que están en Cristo Jesús» (Romanos 8.1). Si la flecha viene en la forma de un pecado del pasado, sostenemos nuestro escudo, diciendo: «Él es fiel y justo para perdonarnos los pecados y para limpiarnos de toda maldad» (1 Juan 1.9). El escudo de la fe es el uso persistente de nuestra fe arraigada en la verdad de la Palabra de Dios.

Después, nos colocamos el «CASCO DE LA SALVACIÓN» (Efesios 6.17). Es la parte de la armadura que protege nuestras mentes y nos mantiene lúcidos en los días de combate y confrontación. Muy a menudo, la verdadera batalla sucede en nuestras mentes, en nuestros procesos de pensamientos. Necesitamos que Dios «[guarde nuestros] corazones y [nuestras] mentes en Cristo Jesús» (Filipenses 4.7).

Por último, ahora que estamos vestidos para la batalla, tomamos la «espada del Espíritu que es la palabra de Dios». Observe con atención: la espada es la única arma ofensiva que se menciona. Todas las otras piezas de la armadura son para defendernos. La Palabra de Dios es el arma más poderosa que poseemos, y cuando se usa apropiadamente derrota a cada uno de nuestros enemigos. Eso es lo que le sucedió a Jesús cuando fue tentado por el diablo en el desierto. En cada ocasión, tomó «la espada del Espíritu» y respondió con la Palabra de Dios, diciendo: «Escrito está...» (Mateo 4.4, 7, 10).

Después de haberse revestido con toda la armadura del evangelio, ahora está listo para enfrentar cualquier situación que pudiera acontecerle. El problema radica en que muchos de nosotros nos vestimos para la batalla, pero no tenemos idea de dónde esta tiene lugar. Tras haber descrito toda la armadura, el siguiente versículo nos dice dónde encontrar el campo de batalla: «Con toda oración y súplica oren en todo tiempo en el Espíritu» (Efesios 6.18). La oración es el campo de batalla de la vida cristiana. Revístase con la armadura del evangelio. Ore por cada una de sus piezas.

PALABRA CLAVE: CALZADO

Hoy, cuando se vista y se siente para calzarse, recuerde la importancia de revestirse con cada pieza de esta armadura espiritual antes de salir de su casa y entrar en el reino de la verdadera confrontación cósmica. Y recuerde, la oración es el campo de batalla de la vida cristiana.

VERSÍCULO CLAVE

Así que la fe viene del oír, y el oír, por la palabra de Cristo. (Romanos 10.17)

29   LA ORACIÓN ES EL CAMPO DE BATALLA DE LA VIDA CRISTIANA

«Orando en todo tiempo con toda oración y súplica en el Espíritu, y velando en ello con toda perseverancia y súplica por todos los santos».

—EFESIOS 6.18, RVR1960

*D*espués de haberse «[revestido] con toda la armadura de Dios» como leímos en los versículos anteriores, el creyente está ahora listo para entrar en batalla con el enemigo. Sin embargo, es imposible ganar una guerra si uno no sabe dónde se pelea la batalla. En la actualidad, muchos creyentes se encuentran luchando la batalla en el campo de la política, los planes, procedimientos, programas o en muchos otros lugares. Cuando leemos Efesios 6, no existe un punto entre el versículo 17, donde tomamos nuestra espada, y el versículo 18, donde oramos. Muchos creyentes son derrotados porque desconocen dónde se libra la batalla. En relación con esto, la Escritura es clara. La oración constituye el campo de batalla de la vida cristiana. Es aquí en el versículo 18 donde se pelea la batalla: «Orando en todo tiempo con toda oración [...] con toda perseverancia [...] por todos los santos».

Mientras lee y relee este versículo, una verdad evidente se destaca en esa página revelando cuatro «todos». Pablo dice que debemos orar con toda oración, en todo tiempo, con toda perseverancia y por todos los santos. Ceñidos con la verdad, con el escudo de la fe y sosteniendo en nuestras manos y en nuestros corazones la espada del Espíritu, la Palabra de Dios, estamos preparados para la batalla.

LA ORACIÓN VICTORIOSA ES *COMPLETA*

Pablo nos exhorta a orar con «toda oración». Hemos visto que existen muchas clases de oraciones que abren un camino a la presencia de Dios. Las únicas que hacen algunos son las de petición, oraciones esporádicas para salir de un aprieto o para obtener algo que necesitan. Otros son tan introspectivos que sus oraciones se consumen con la confesión y con un sentimiento de falsa culpa.

Pablo nos dice que cuando oramos, debemos utilizar todos los elementos en nuestro arsenal, lo cual implica la oración de confesión. Después de todo, «si observo iniquidad en mi corazón, el Señor no *me* escuchará» (Salmos 66.18). Le sigue la oración de acción de gracias. La gratitud tiene un efecto liberador en nosotros. Debemos «[entrar] por Sus puertas con acción de gracias» (Salmos 100.4). Luego, está la de alabanza. Después de habernos introducido en la oración a través de la puerta de acción de gracias, ahora podemos entrar «a Sus atrios con alabanza» (v. 4). Entonces estamos listos, vestidos con toda la armadura de Dios, para hacer la oración de intercesión. Así que presentamos delante del Señor a todos y cada uno de los que él pone en nuestros corazones y en nuestras mentes. Sigue la oración de petición. Elevamos nuestras «súplicas», que son las peticiones específicas por los asuntos personales que nos preocupan. Por último, está la de comunión, en la que simplemente permanecemos quietos con nuestras Biblias abiertas, para escuchar su silbo apacible hablando a nuestros corazones. La oración es el campo de batalla de la vida cristiana y requiere que sea con «toda oración».

> La oración es el campo de batalla de la vida cristiana y requiere que sea con «toda oración».

LA ORACIÓN VICTORIOSA ES *CONTINUA*

No solo debemos orar con toda oración, sino también «en todo tiempo». Eso no significa que debemos orar las veinticuatro horas de cada día, pero sí permanecer en una comunión inquebrantable con el Señor, aun cuando se acaban las palabras. Es cuando tenemos tal consciencia de Dios que nuestras vidas se unen en una comunión continua con él.

Podemos lograr esa actitud de muchas maneras. Cada vez que cuelgo el teléfono, tengo la costumbre de hacer una pausa y orar por la persona con la que haya estado hablando. Los niños en la escuela pueden usar el timbre que suena varias veces durante el día como indicación de que deben orar por alguien. Doblar la ropa es un buen momento para orar por cada miembro de la familia cuya ropa esté doblando. A través de toda la Biblia oímos este concepto de orar en todo tiempo. Jesús dijo: «Velen en todo tiempo, orando...» (Lucas 21.36). La iglesia primitiva se entregaba «de lleno a la oración» (Hechos 6.4, NVI). Pablo instruye a los tesalonicenses a que «oren sin cesar» (1 Tesalonicenses 5.17). Qué gran diferencia hace orar con toda oración en todo tiempo.

LA ORACIÓN VICTORIOSA ES *AUDAZ*

Pablo afirma que debemos orar con «toda perseverancia». Es decir, nunca rendirnos, sino acercarnos confiadamente delante del Señor en oración. La misma es una guerra espiritual. Esto se nos recuerda algunos versículos más adelante: «Porque nuestra lucha no es contra sangre y carne, sino contra principados, contra potestades, contra los poderes de este mundo de tinieblas, contra las *fuerzas* espirituales de maldad en las *regiones* celestes» (Efesios 6.12). El testimonio de muchos se revela en las primeras palabras del pasaje: «Porque nuestra lucha no es contra sangre y carne». Insisto la oración es una guerra. Es una batalla. Cuando entre al campo de batalla con toda oración, en todo tiempo, asegúrese de agregar «con toda perseverancia» a su estrategia.

LA ORACIÓN VICTORIOSA ES *COLECTIVA*

Implica orar colectivamente por «todos los santos». Esto incluye a aquellos que hayan hablado en su contra o lo hayan ofendido de alguna manera. Una de mis mayores bendiciones a lo largo de los años, ha sido orar por los que pudieron haber hablado en mi contra. Orar por «todos los santos» se asemeja a lo que Jesús hizo cuando esos hombres y mujeres que habían estado con él durante tres años lo abandonaron, «todos huyeron» en su hora de mayor necesidad (Marcos

14.50). Sin embargo, fueron incluidos en su oración desde la cruz: «Padre, perdónalos, porque no saben lo que hacen» (Lucas 23.34).

He estado en el mismo calabozo, en Roma, donde Pablo escribió algunas de sus epístolas. Prevalecían la humedad y la oscuridad con solo un pequeño rayo de luz; los antiguos anillos de hierro del confinamiento aún están incrustados en las paredes. Era tierra santa. Pablo estuvo allí, pero fue liberado. Tome prestadas sus palabras para su propia vida de oración. Orando en todo tiempo con toda oración [...] con toda perseverancia [...] por todos los santos. Nunca podrá ganar la guerra a menos que sepa dónde se lucha la batalla.

PALABRA CLAVE: TELÉFONO

Hoy, cuando termine una llamada telefónica, deténgase por un momento y ore —con toda oración, en todo tiempo, con toda perseverancia y por todos los santos— por la persona con la que ha acabado de hablar.

VERSÍCULO CLAVE

Y en cuanto a mí, lejos esté de mí que peque contra el Señor cesando de orar por ustedes, antes bien, les instruiré en el camino bueno y recto. (1 Samuel 12.23)

30 ORE POR LOS ENFERMOS

«¿Está alguien entre ustedes enfermo? Que llame
a los ancianos de la iglesia y que ellos oren por él,
ungiéndolo con aceite en el nombre del Señor. La oración
de fe restaurará al enfermo, y el Señor lo levantará».

—SANTIAGO 5.14-15

*L*a carta de Santiago del Nuevo Testamento estaba principalmente dirigida a los creyentes que habían huido de Jerusalén en tiempos de gran persecución. No obstante, sus palabras tienen gran relevancia en la actualidad. Nosotros, también, vivimos en medio de un mundo de sufrimiento. Los corazones sufren. Las familias sufren. ¿Ha observado a su alrededor últimamente el quebranto de nuestra cultura? La gente está enferma, no solo física, sino también mental, emocional y espiritualmente. Por tanto, la pregunta de Santiago es en extremo pertinente en nuestra cultura: «¿Está alguien entre ustedes enfermo?».

Quizás ningún otro ministerio de la iglesia haya visto tanta perversión como el ministerio de sanidad. Aunque muchos tienen corazones puros e intenciones dignas, con demasiada frecuencia algunos ministerios de sanidad han sido un vehículo para edificar sus propios reinos financieros, al ofrecer falsas esperanzas de sanidad a todo aquel que se cruce en su camino. Aquí, en el libro de Santiago, descubrimos la única instrucción de toda la Escritura sobre cómo orar por los enfermos.

Según el contexto, Santiago está describiendo un ministerio de la iglesia local junto al lecho de un miembro. Aquí no se habla sobre alquilar auditorios de la ciudad con llamativos predicadores elegantes dando brincos mientras que los indefensos y, a menudo, desesperados enfermos esperan en las filas de sanidad. Este es un ministerio de oración para los necesitados, y Santiago es explícito en cómo debe llevarse a cabo.

EL SONDEO

Santiago pregunta: «¿Está alguien entre ustedes enfermo?». La clave es comprender qué significa esta palabra del Nuevo Testamento que se tradujo al español como «enfermo». Él cuidadosamente escogió un término griego que significa «sin fuerza, sentirse débil». Asumimos que la enfermedad física es todo lo que se aborda cuando hablamos de sanidad. No obstante, la palabra está dirigida a aquellos que pueden estar débiles en su cuerpo, alma o espíritu. Santiago afirma que «la oración de fe restaurará al enfermo». Aquí la palabra «enfermo» significa estar literalmente cargado.

Santiago les escribe a los que se han cansado en la lucha de la vida, aquellos que están «en la dispersión» (Santiago 1.1). Esos hombres y mujeres habían sido obligados a abandonar sus empleos y huir de sus hogares a causa de la dispersión. Tentados a rendirse, se sentían cada vez más cargados y débiles. Aunque estos versículos pueden aplicarse a los que están físicamente enfermos, el contexto indica que estaban dirigidos primeramente a los que se sentían a punto de colapsar mentalmente a causa de las presiones de la vida.

LA PROPUESTA

Santiago propone que «llame a los ancianos de la iglesia». Los que precisan una mano sanadora por lo general necesitan a alguien para apoyarse y del que puedan sacar fuerzas. Note que los que están enfermos son lo que deben tomar la iniciativa. La responsabilidad de tomar la iniciativa recae en los enfermos, no en los líderes de la iglesia.

En respuesta a esta invitación, se instruye a los ancianos a desempeñar ese ministerio de apoyo con el objeto de que, como Pablo exhortó, «animen a los desalentados, sostengan a los débiles y sean pacientes con todos» (1 Tesalonicenses 5.14).

EL PROCEDIMIENTO

Cuando alguien enfermo busca ayuda, el procedimiento es que los ancianos de la iglesia «oren por él, ungiéndolo con aceite en el nombre del Señor». Existen dos palabras griegas que nosotros traducimos como *ungir*. Una se refiere a un ungimiento exterior: literalmente, es un «frotar con aceite». Esta palabra se encuentra en la historia del buen samaritano que vendó al hombre herido, «derramando» aceite y vino sobre las heridas para combatir la infección y aliviar el dolor (Lucas 10.25-37). La otra palabra tiene que ver más con un ungimiento ceremonial utilizado en un sentido sagrado y simbólico. Por ejemplo, Jesús la usó para explicar cómo el Espíritu lo ha «ungido» para predicar el evangelio (Lucas 4.18).

Gran parte de lo que vemos en los ministerios de sanidad hoy en día es ese uso ceremonial del aceite para ungir la frente de una persona enferma, aplicando un par de gotas de este de una manera simbólica, a menudo con el signo de la cruz. Aunque no hay nada de malo en hacer esto, dista mucho de lo que describió Santiago. Él utilizó la palabra equivalente a lo que el samaritano hizo. Es decir, Santiago nos exhorta a hacer lo que esté a nuestro alcance en términos médicos para aliviar la herida y curar el dolor; usar la mejor medicina conocida por el hombre. La iglesia debería apoyar los esfuerzos de la comunidad médica, y esta debería recibir los esfuerzos de sanidad de la iglesia al reconocer el poder y la importancia de «la oración de fe».

> La iglesia debería apoyar los esfuerzos de la comunidad médica, y esta debería recibir los esfuerzos de sanidad de la iglesia.

LA ORACIÓN

La oración por los enfermos se denomina «oración de fe». Más adelante en su carta, Santiago nos recuerda que cuando oramos, debemos creer, pidiendo «con fe, sin dudar. Porque el que duda es semejante a la ola del mar, impulsada por el viento y echada de una parte a otra» (Santiago 1.6).

Además, esta oración de fe siempre debe ofrecerse en concordancia con la Palabra de Dios y con su voluntad. Debe estar fundamentada en la Palabra de Dios, de lo contrario no es una oración de fe. Pablo deja esto en claro cuando dijo: «Así que la fe *viene* del oír, y el oír, por la palabra de Cristo» (Romanos 10.17).

LA PROVISIÓN

«La oración de fe restaurará al enfermo, y el Señor lo levantará». No crea que este versículo es una carta blanca para sanar. La sanidad es un paquete envuelto en el misterio de la voluntad de Dios y sus caminos. Pablo mismo oró repetidas veces por sanidad de su «espina en la carne», solo para descubrir cuando no le fue quitada que la gracia de Dios era suficiente (2 Corintios 12.7, 9).

La sanidad física es un misterio envuelto en el concilio de la voluntad de Dios. Algunos de los más grandes santos de Dios han experimentado varios de los más grandes sufrimientos. Toda sanidad es divina. La medicina por sí sola no puede sanar. Los doctores solos no sanan. Las dietas o los ejercicios solos no sanan. ¡Dios sana! Y nuestra parte es creer y orar con fe sabiendo que él aún puede convertir lo imposible en posible.

PALABRA CLAVE: DOCTOR

Hoy, cuando pase por el consultorio de un médico o visite a su doctor, recuerde que toda sanidad proviene de Dios. El médico puede coser su herida, pero no puede hacer que su piel se regenere. Usted es una formidable y maravillosa obra de Dios. Así que cuando ore, hágalo con la «oración de fe».

VERSÍCULO CLAVE

«Te basta Mi gracia, pues Mi poder se perfecciona en la debilidad». Por tanto, con muchísimo gusto me gloriaré más bien en mis debilidades, para que el poder de Cristo more en mí. (2 Corintios 12.9)

31 LA ORACIÓN QUE LOGRA MUCHO

«La oración eficaz del justo puede lograr mucho».

—SANTIAGO 5.16

*S*antiago, el medio hermano de nuestro Señor, el que se levantó para ser el líder de la iglesia de Jerusalén y nos dio el libro del Nuevo Testamento que lleva su nombre, vivió con un famoso sobrenombre dado por los primeros creyentes: rodillas de camello. Se ganó ese apodo entre sus pares porque se decía que sus rodillas estaban callosas y endurecidas de tanto orar.

En nuestro texto, Santiago introduce la clave de la oración «eficaz». Después de todo, ¿quién entre nosotros no quisiera que nuestras oraciones tuvieran eficacia? ¿Qué madre que abre su corazón en oración a Dios por un hijo o una hija no quisiera que esta fuera eficaz? ¿Qué hombre o mujer que ora por su familia o amigos que están enfermos no anhela que sus oraciones sean eficaces? Para ser eficaces, Santiago revela que debemos abordar la oración con integridad y pedir con intensidad. Y cuando esto ocurra, Dios le responderá con inmensidad.

LA ORACIÓN EFICAZ SE *ABORDA CON INTEGRIDAD*

Santiago hace referencia a la oración «del justo». A primera vista, este requisito parece un poco intimidante. Somos propensos a decir: «Bueno, entonces quedo excluido». Sin embargo, Santiago de ninguna manera se está refiriendo a algunos supersantos. Todos los creyentes somos justos cuando nos presentamos delante de Dios. Pablo lo deja claro: «Al que no conoció pecado [Dios], lo hizo pecado por nosotros [Jesús], para que fuéramos hechos justicia de Dios en Él» (2 Corintios 5.21). Todos los que estamos «en Cristo» somos revestidos en su justicia, no la nuestra.

No obstante, si este sentido espiritual de justicia es la única cuestión en juego, ¿por qué no son respondidas más de nuestras oraciones? Santiago aquí está hablando de la justicia moral. Esa es la clase de integridad a la que Juan se refirió cuando dijo: «El que practica la justicia es justo, así como Él es justo» (1 Juan 3.7). El énfasis de Santiago radica en *hacer* justicia, no solo en *ser* justos. Las personas justas son íntegras; es decir, practican lo que predican. Juan añadió: «Y todo lo que pidamos *lo* recibimos de Él, *porque* guardamos Sus mandamientos y *hacemos* las cosas que son agradables delante de Él» (v. 22; énfasis añadido). La oración eficaz se aborda con integridad.

LA ORACIÓN EFICAZ SE *OFRECE CON INTENSIDAD*

Santiago no solo se refería a orar, sino también a elevar una oración ferviente. De este término griego deriva nuestra palabra *energía* que literalmente significa «extenderse», como un velocista que se extiende hacia la línea de llegada con un impulso final de energía. Las oraciones eficaces poseen una energía poderosa y persuasiva que puede describirse como «ferviente».

> Las oraciones eficaces poseen una energía poderosa y persuasiva que puede describirse como «ferviente».

Las oraciones que logran resultados no son prolongados discursos, sino puntuales y poderosas como la del publicano: «Dios, ten piedad de mí, pecador» (Lucas 18.13). O como Simón Pedro, que cuando se hundía en el mar, clamó: «¡Señor, sálvame!» (Mateo 14.30). Esta fue la oración de Jacob: «No te soltaré si no me bendices» (Génesis 32.26). Son oraciones que se hicieron con intensidad y se abordaron con integridad.

No se trata de la longitud, sino de la profundidad de nuestras oraciones; eso es lo que las hace eficaces. Las oraciones eficaces no son las que se generan en nuestras mentes, sino las que brotan de nuestro corazón. Acérquese a Dios con integridad, haga aquello que él ordena. Luego, ore con pasión e intensidad. ¿Por qué? Porque «la oración eficaz del justo puede lograr mucho».

LA ORACIÓN EFICAZ SE *RESPONDE CON INMENSIDAD*

Esta oración «puede lograr mucho». Cuando hacemos lo correcto —oramos en humildad con un espíritu fervoroso— Dios responde nuestras oraciones.

Dios todavía se encarga de intervenir divinamente en el proceso natural que él mismo estableció. Y lo hace cuando oramos con integridad e intensidad. Él responde las oraciones. Vuelva a leer esta última frase con detenimiento. Dios en verdad responde nuestras oraciones. Si más personas realmente creyeran esto, pasaríamos más tiempo hablando *con* él que hablando *sobre* él. Él siempre responde nuestras oraciones. Hay ocasiones cuando casi de inmediato vemos la respuesta, tal como oramos. También, hay veces en las que él demora su respuesta y nos coloca en una especie de patrón de espera. Luego, hubo veces en mi propia vida cuando me ha respondido, pero su respuesta no fue la que esperaba. De hecho, algunas de mis oraciones fueron respondidas con un rotundo no. Sin embargo, al reflexionar puedo decir que siempre fue para mi propio bien y para su gloria. Y hubo veces en que él respondió mi oración de una manera diferente de la que hubiera anticipado, porque siempre sabe qué es lo mejor para nosotros. Pero la verdad es que Dios responde nuestras oraciones. Siempre.

Que Dios nos ayude a cada uno de nosotros a acercarnos a él con oraciones llenas de integridad y de una ferviente intensidad. Y que nos ayude a darnos cuenta de que esta clase de oración «puede lograr mucho» más de lo que esperamos o soñamos.

PALABRA CLAVE: DEPORTISTA

Si hoy mira un partido de béisbol o de fútbol americano, cada vez que vea al lanzador ir hacia atrás y lanzar una bola rápida o a un corredor extenderse para alcanzar la línea de llegada, recuerde que esta clase de oración ferviente es la que «puede lograr mucho».

VERSÍCULO CLAVE

Y todo lo que pidamos lo recibimos de Él, porque guardamos Sus mandamientos y hacemos las cosas que son agradables delante de Él. (1 Juan 3.22)

32   ORACIÓN Y AYUNO

«Pero Jesús, tomándole de la mano, le enderezó; y se
levantó. Cuando él entró en casa, sus discípulos le preguntaron
aparte: ¿Por qué nosotros no pudimos echarle fuera? Y les dijo:
Este género con nada puede salir, sino con oración y ayuno».
— MARCOS 9.27-29, RVR1960

Muchos de nosotros nos hemos encontrado en una situación similar y hemos hecho la misma pregunta en algún punto de nuestra experiencia como cristianos. Los discípulos habían estado en una cima espiritual, presenciando la gloriosa transfiguración de Cristo delante de sus ojos. Inmediatamente después, un hombre trajo a su hijo que estaba poseído por un demonio. Los discípulos hicieron todo lo que sabían hacer para librar al muchacho, pero sin resultado. En su frustración, le hicieron al Señor una pregunta privada y directa: «¿Por qué nosotros no pudimos echarle fuera?». Todos hemos pasado por eso; orar con desesperación por un asunto muy preocupante, pero aparentemente incapaces de marcar una diferencia. Jesús quería que ellos, y nosotros, supiéramos que existen ciertas cuestiones en nuestra vida que solo sucederán si sumamos el ayuno a nuestras oraciones.

A menudo, Jesús vinculaba estas dos disciplinas. En un monte de pastizales verdes en Galilea, en medio de su

Sermón del monte, dijo: «Por eso, cuando des limosna [...] Cuando ustedes oren [...] Y cuando ayunen...» (Mateo 6.2, 5, 16). Con Jesús siempre es «cuando», no «si». Nuestro Señor asume que como creyentes practicaremos el ayuno, así como traemos nuestras ofrendas y oraciones. El ayuno, la abstinencia voluntaria de comida a fin de buscar el rostro de Dios con fervorosas y persistentes oraciones de fe, constituye una de las bendiciones olvidadas de muchos creyentes modernos. No es un mandamiento. Jesús nunca dijo: «Ayunarás». No conlleva la idea de regla o regulación, sino que es sencillamente una disciplina voluntaria que conduce al creyente a ver que cada grado de hambre es solo un recordatorio del foco de la oración. Nuestro Señor vincula la oración y el ayuno porque la primera es una de nuestras manos que se extiende para llegar a Dios, mientras que el segundo es la otra mano que suelta por algún tiempo algo que es temporal y visible.

Hoy en día, leemos muchos libros sobre la oración, pero oímos muy poco de la bendición del ayuno. Esto anuncia las respuestas a algunas preguntas: ¿Por qué, cuándo y dónde debemos ayunar?

¿POR QUÉ DEBEMOS AYUNAR?

La razón más obvia es porque la Biblia así lo enseña. Más de cien veces leemos acerca de los que practicaron el ayuno como una disciplina espiritual. Moisés ayunó cuando recibió los mandamientos. David, cuando Saúl había muerto en batalla y cuando su propio hijo estaba enfermo. Elías, después de obtener la victoria en el monte Carmelo. Nehemías, cuando se le asignó el reto de reedificar la muralla de Jerusalén. Ester, antes de presentarse delante del rey. Jonás, cuando finalmente se dirigió a Nínive. Jesús, después de su bautismo en el Jordán. Cornelio, cuando buscaba al Señor en Cesarea. Pablo, cuando nombró a los ancianos en todas las iglesias.

Es sorprendente que muchos creyentes ignoren completamente la disciplina del ayuno y sepan muy poco sobre este. Y, sin embargo, Jesús dijo que hay ciertas cosas en nuestras vidas que no pueden suceder, sino con oración y ayuno. Si el ayuno desempeñó una parte tan significativa en aquellos que fueron usados por Dios en la Biblia, ¿no debería formar parte de nuestro propio crecimiento espiritual? Debemos ayunar porque hay ocasiones en que la abstinencia deliberada de alimento nos ayuda a enfocarnos en la razón de nuestro ayuno y nos permite concentrarnos en nuestras peticiones delante de él.

> Si el ayuno desempeñó una parte tan significativa en aquellos que fueron usados por Dios en la Biblia, ¿no debería formar parte de nuestro propio crecimiento espiritual?

¿CUÁNDO DEBEMOS AYUNAR?

Debemos poner en práctica la oración y el ayuno cuando necesitamos profundizar nuestra devoción y restaurar la fe. Cuando usted o un ser querido tiene una necesidad específica por la que necesita una respuesta, agregue el ayuno a sus oraciones. Deberíamos ayunar y orar cuando tenemos decisiones importantes que tomar. Eso fue lo que la iglesia en Antioquía hizo en Hechos 13, cuando ayunaron, oraron y luego apartaron a Bernabé y a Saulo para su primer viaje misionero. Si necesitamos el poder de Dios en nuestra propia experiencia de una manera fresca y nueva, debemos sumarle el ayuno a nuestras oraciones. Si necesitamos un avivamiento, debemos seguir el antiguo ejemplo de Nehemías: «Cuando oí estas palabras, me senté y lloré; hice duelo *algunos* días, y estuve ayunando y orando delante del Dios del cielo» (Nehemías 1.4). ¿Quién de nosotros no necesita un toque fresco de la unción de Dios en nuestras vidas? Hay momentos en que esto solo sucede por medio de la oración y el ayuno.

¿DÓNDE DEBEMOS AYUNAR?

Esta es una pregunta importante. Es decir, lo hacemos en público para que nos vean o en privado solo para los ojos de Dios. Jesús no dejó ninguna duda al respecto. Exhortó:

> Y cuando ayunen, no pongan cara triste, como los hipócritas; porque ellos desfiguran sus rostros para mostrar a los hombres que están ayunando. En verdad les digo *que ya* han recibido su recompensa. Pero tú, cuando ayunes, unge tu cabeza y lava tu rostro, para no hacer ver a los hombres que ayunas, sino a tu Padre que está en secreto; y tu Padre, que ve en lo secreto, te recompensará. (Mateo 6.16-18)

Complemente su vida de oración con el ayuno. Después de todo, si creemos en nuestro Señor, él dijo: «Este género con nada puede salir, sino con oración y ayuno».

PALABRA CLAVE: COMIDA

Hoy, cuando se siente a almorzar o a cenar, y su plato de comida esté enfrente de usted, recuerde incorporar a su vida de oración un tiempo de ayuno, quizás una comida o un día al comienzo. Cada grado de hambre le recordará la razón por la que ayuna y lo acercará al corazón de Dios.

VERSÍCULO CLAVE

Y Cornelio respondió: «Hace cuatro días, a esta misma hora, estaba yo orando en mi casa a la hora novena; y un hombre con vestiduras resplandecientes, se puso delante de mí, y dijo: "Cornelio, tu oración ha sido oída, y tus obras de caridad han sido recordadas delante de Dios"». (Hechos 10.30-31)

33 ORE POR LAS ALMAS PERDIDAS

«Esta es la confianza que tenemos delante de Él, que si pedimos cualquier cosa conforme a Su voluntad, Él nos oye. Y si sabemos que Él nos oye en cualquier cosa que pidamos, sabemos que tenemos las peticiones que le hemos hecho».

—1 JUAN 5.14-15

Durante los primeros años de mi experiencia como cristiano, el grupo de jóvenes solía reunirse a orar por los amigos que no conocían al Señor. Recuerdo oír fervientes oraciones que decían algo así: «Señor, bendice a Bobby. Señor, habla a su corazón. Sálvalo. Ayúdalo a ver la luz». Y, por supuesto, esas oraciones siempre concluían con un «si es tu voluntad». La lucha era obvia y la verdad es que orábamos con un corazón sincero de la única manera que sabíamos.

¿Cómo debemos orar por las almas perdidas? Al igual que todas las oraciones, comenzamos con el fundamento de buscar la voluntad de Dios. La Biblia dice: «El Señor no se tarda *en cumplir* Su promesa [...] no queriendo que nadie perezca, sino que todos vengan al arrepentimiento» (2 Pedro 3.9). Esa pequeña palabra *todos* es expresamente inclusiva. El apóstol Pablo añade: «*Porque* esto es bueno y agradable delante de Dios nuestro Salvador, el cual quiere que todos los hombres sean salvos y vengan al pleno conocimiento de la verdad» (1 Timoteo 2.3-4). La Biblia es clara; Dios no desea que ninguno de nosotros perezca, sino que todos sean salvos. Por lo tanto, cuando oramos por nuestros amigos perdidos, podemos tener la certeza de que estamos orando en concordancia con la voluntad del Padre.

Existen tres cuestiones clave cuando oramos por las almas perdidas: debemos orar con el enfoque, el propósito y la autoridad correctos.

ORE CON EL ENFOQUE CORRECTO

Interceder por los que no conocen al Señor implica *orar con el enfoque correcto*. Es decir, debemos tener un conocimiento básico de por qué alguien está perdido sin Cristo. La verdad escritural básica nos enseña que todos somos pecadores y nos apartamos cada cual por nuestro camino. Tenemos la luz de la creación (Romanos 1.19-20), la luz de la consciencia (Romanos 2.15-16) y la luz de Cristo (Juan 1.1-14) para traer convicción. Y, sin embargo, muchos aún están perdidos debido a dos razones principales: están atados por el dios de este mundo, el diablo, y también cegados por él.

En primer lugar, aquellos sin Cristo están atados por el diablo. Pablo nos recuerda que es Dios el que «da» el arrepentimiento «que conduce al pleno conocimiento de la verdad, y volviendo en sí, *escapen* del lazo del diablo, habiendo estado cautivos de él para *hacer* su voluntad» (2 Timoteo 2.25-26). Las almas perdidas se encuentran cautivas en una fortaleza del mismo diablo. No solo están atadas, sino cegadas por él: «Y si todavía nuestro evangelio está velado, para los que se pierden está velado, en los cuales el dios de este mundo ha cegado el entendimiento de los incrédulos» (2 Corintios 4.3-4). Por tanto, para acercarse a Cristo deben romperse las ataduras y la ceguera.

En este punto entra en juego la verdadera guerra espiritual. La Biblia nos recuerda que «las armas de nuestra contienda no son carnales, sino poderosas en Dios para la destrucción de fortalezas» (2 Corintios 10.4). Tenemos la autoridad espiritual para entrar, por medio de la oración, al reino espiritual y derribar las fortalezas del orgullo, la postergación, la presunción o cualquier otra que pueda causar que uno esté atado o enceguecido. Por tanto, el enfoque correcto cuando oramos por los perdidos es poseer un conocimiento de por qué están en esa condición, en primer lugar, e interceder «para la destrucción de fortalezas».

> Tenemos la autoridad espiritual para entrar, por medio de la oración, al reino espiritual y derribar las fortalezas.

ORE CON EL OBJETIVO CORRECTO

Interceder por los que no tienen a Cristo también implica *orar con el objetivo correcto*. ¿En dónde está puesto nuestro enfoque, nuestra meta, cuando oramos por las almas perdidas? Muchos de nosotros dirigimos nuestras oraciones directamente al individuo en cuestión. «Señor, salva a Billy. Señor, ayúdalo, bendícelo». Pero dado que él está atado y cegado por el dios de este mundo, nuestro objetivo debería ser Satanás mismo.

Encontramos esa verdad entretejida en todo el Nuevo Testamento. Jesús nunca se ocupó de cuestiones superficiales, sino que iba directo a la raíz del asunto al tratar, no con el problema, sino con el poder que operaba detrás de este. Una noche, en Cesarea de Filipo, Simón Pedro pronunció lo que se ha llegado a conocer como «la gran confesión» cuando exclamó que Jesús era en verdad el ungido prometido, el Mesías. Luego, Jesús comenzó a revelar que debía ir a Jerusalén, sufrir muchas cosas y, finalmente, ser crucificado. Pedro reprendió tal pensamiento. Jesús lo miró directo a los ojos y respondió: «¡Quítate de delante de Mí, Satanás!» (Mateo 16.23). No se estaba dirigiendo a Pedro, sino al espíritu que se hallaba detrás de su intención para desviar a Jesús de la cruz. Pablo tuvo una experiencia similar en su segundo viaje misionero cuando fue perseguido por una adivina. Él la reprendió hablándole al espíritu dentro de ella (Hechos 16.18). Cuando intercedemos por las almas perdidas, nuestras oraciones deben tener esa misma dirección. Dado que Satanás ha atado y cegado a los que están perdidos, tenemos que dirigirnos a él en nuestras oraciones, ahuyentándolo del campo de batalla de la voluntad de Dios.

ORE CON LA AUTORIDAD CORRECTA

Por último, interceder por las almas perdidas implica *orar con la autoridad correcta*. Cuando oramos por los perdidos, nos afirmamos en la victoria que Cristo ya ha ganado por nosotros, pues «el Hijo de Dios se manifestó con este propósito: para destruir las obras del diablo» (1 Juan 3.8). Solo Cristo tiene el poder para «librar a los que por el temor a la muerte, estaban sujetos a esclavitud durante toda la vida» (Hebreos 2.15).

Dado que todo esto es verdad, mi trabajo en la oración intercesora es discernir las fortalezas y entrar al campo de batalla espiritual afirmándome en la verdad de Marcos 3.27: «Nadie puede entrar en la casa de un *hombre* fuerte y saquear sus bienes si primero no lo ata; entonces podrá saquear su casa». Orar por los que están perdidos no se trata de persuadir a un Dios reacio, sino de pararse firmemente contra el diablo en nombre de alguien. Esa oración ahuyenta al diablo del campo de batalla de la voluntad de Dios, rompe las cadenas y sana la ceguera, librando así al hombre para confiar en Cristo. Las oraciones por las almas perdidas no fuerzan a una persona a confiar en Cristo, sino que la libra para poder creer.

La oración es el campo de batalla de la experiencia cristiana. Alguien que usted conoce necesita encontrarse con Cristo. Ore por ellos... ahora mismo... con el enfoque, la dirección y autoridad correctos que les fueron dados en y por medio del Señor Jesucristo.

PALABRA CLAVE: AGENTE DE POLICÍA

Hoy, cuando vea a un agente de policía dirigiendo el tránsito en una intersección, recuerde que así como el oficial está allí de pie con su mano levantada para hacer que el tránsito se detenga, no tiene el poder para detener esos potentes motores. No obstante, el policía se para allí con toda la autoridad conferida por el gobierno de la ciudad. Cuando usted ora, no tiene un poder real en sí mismo, sino que ora desde la plataforma de toda la autoridad que le fue dada por el mismo Jesucristo.

VERSÍCULO CLAVE

Porque las armas de nuestra contienda no son carnales, sino poderosas en Dios para la destrucción de fortalezas; destruyendo especulaciones [...] y poniendo todo pensamiento en cautiverio a la obediencia de Cristo. (2 Corintios 10.4-5)

34 ORACIONES RESPONDIDAS

«Amados, si nuestro corazón no nos condena, confianza
tenemos delante de Dios. Y todo lo que pidamos lo recibimos
de Él, porque guardamos Sus mandamientos y hacemos
las cosas que son agradables delante de Él. Y este es Su
mandamiento: que creamos en el nombre de Su Hijo Jesucristo,
y que nos amemos unos a otros como Él nos ha mandado».

—1 JUAN 3.21-23

A fin de que nuestras oraciones sean respondidas, debemos tener un corazón puro. Y, cuando el corazón, la voz interior, no nos condena, nos permite tener confianza y valor delante de Dios. La capacidad para ser audaces está sujeta a una buena relación. En el liderazgo cristiano, la mayoría de nosotros hemos experimentado el hecho de que ciertas personas en nuestro entorno simplemente no tenían el valor para confrontarnos o, a veces, ni siquiera para aproximarse. Eso nunca sucedió con mis propios hijos. Nuestra relación creó en ellos una confianza para acercarse a mí con respecto a cualquier cosa que pudo haber estado en sus mentes.

El apóstol Juan aquí nos dice que los que tienen una buena relación con el Señor Jesucristo, tienen confianza (valentía) delante de Dios. Eso es porque nos acercamos a él como hijos ante un Padre amoroso. Podemos confiar en él porque lo conocemos.

LA MEDIDA

Las oraciones respondidas son ilimitadas. «Y todo lo que pidamos *lo* recibimos de Él». Esta es una declaración audaz, pero para comprender su significado, debemos permitir que la Escritura se interprete a sí misma. Al hacerlo, leemos: «Piden y no reciben, porque piden con malos propósitos, para gastar*lo* en sus placeres» (Santiago 4.3). Los motivos propios que son desinteresados resultan esenciales para ver las respuestas a nuestras oraciones. Juan, en su primera carta, continuó diciendo: «Si pedimos cualquier cosa conforme a Su voluntad, Él nos oye» (1 Juan 5.14). La verdad de pedir y recibir no implica simplemente la abnegación, sino la sumisión a la voluntad de Dios en determinado asunto.

Uno de los propósitos de la oración, aparte de la gloria de Dios, es poder encontrarnos en el extremo receptor de su gracia y bondad hacia nosotros. Él es un Dios generoso y le agrada serlo. ¿Qué ha recibido de él últimamente? Piense al respecto. No existe nada más emocionante que ver a nuestro Dios invisible hacer cosas visibles que solo él puede hacer para suplir nuestras necesidades. La medida de la oración es ilimitada: «Y todo lo que pidamos...».

EL MEDIO

Si la medida de las oraciones respondidas es «y todo lo que pidamos», entonces el medio es «porque guardamos Sus mandamientos y hacemos las cosas que son agradables delante de

Él». Sin embargo, aquí hay una luz amarilla intermitente de precaución. No condicione las respuestas de Dios solo a su obediencia. Aunque nuestras dos hijas me obedecieron en su niñez, no necesariamente les di todo lo que me pidieron. En algunos casos, de haberlo hecho, podría haber criado a unas niñas consentidas y egocéntricas. Y, además, sabía lo que era mejor para ellas cuando no tenían la experiencia ni el conocimiento para saberlo por sí mismas.

¿Está Juan diciendo aquí que mientras tenga una buena vida caracterizada por la obediencia obtendré de Dios todo lo que le pida? No. Está diciendo que si guardo sus mandamientos, hago su voluntad y tengo una vida llena del Espíritu puedo estar seguro de que mi vida es controlada por su Espíritu y, por consiguiente, mis pedidos de oración han sido creados en mí por el Espíritu Santo que vive en mí y me guía. Ese fue el punto de las enseñanzas de Pablo a los romanos cuando dijo que el Espíritu Santo «nos ayuda en nuestra debilidad. No sabemos orar como debiéramos [...] Él intercede por los santos conforme a *la voluntad de* Dios» (Romanos 8.26-27).

EL MANDATO

«Y este es Su mandamiento». Esas cinco palabras deberían mantenernos expectantes en cuanto a lo que viene después. «Que creamos en el nombre de Su Hijo [...] y *que* nos amemos unos a otros como Él nos ha mandado». Y ahí lo tiene. Este es nuestro mandato. Cuando Jesús respondió al inquiridor sobre cuál era el mayor mandamiento de la Torá, contestó:

«Amarás al Señor tu Dios con todo tu corazón [...] Amarás a tu prójimo como a ti mismo» (Mateo 22.37-39). La fe y el amor van de la mano con las oraciones respondidas.

Creer «en el nombre de Su Hijo», es decir, confiar en él, es esencial para ver las respuestas a nuestras oraciones. Pedir «con fe, sin dudar» es la clave (Santiago 1.6). Algunos se preguntan por qué les resulta difícil obedecer a Dios. La respuesta es sencilla. No confían en él. Pero es más profundo que eso. No confían en él porque no lo conocen en la intimidad de un Padre con su hijo. Si usted me pidiera hacer algo, es probable que le preguntara qué es antes de darle una respuesta. Pero si mi esposa, Susie, me pidiera que hiciese algo, no tendría problema en obedecerla porque confío en ella. Y confío en ella porque la conozco. La fe, conocer a Cristo, nos guía a confiar en él, y cuando confiamos en él, no tendremos problemas para obedecerle.

> La fe y el amor van de la mano con las oraciones respondidas.

La relación que tenemos con otros no puede separarse de nuestra capacidad de ver a Dios responder nuestras oraciones. Jesús lo dejó bien claro cuando dijo: «Y cuando estén orando, perdonen si tienen algo contra alguien, para que también su Padre que está en los cielos les perdone a ustedes sus transgresiones» (Marcos 11.25). Más tarde, Pablo agregó una palabra sobre este punto refiriéndose a la relación de marido y mujer que aplica a las oraciones respondidas, cuando amonesta a los esposos a vivir en amor y honra hacia sus esposas «para que sus oraciones no sean estorbadas» (1 Pedro 3.7).

¿Cuál es la oración que más le gustaría ver respondida ahora mismo? Acérquese a él con confianza, en fe y en medio de una relación apropiada con él y con los demás. Entonces... adelante, pida.

PALABRA CLAVE: SEÑAL DE ALTO

Hoy, cuando se detenga en una señal de alto, que el gobierno de la ciudad erigió para ordenarle que se detenga antes de proceder, recuerde que el mayor de todos los mandamientos es amar al Señor con todo su corazón y amar al prójimo como a sí mismo.

VERSÍCULO CLAVE

No tienen, porque no piden. (Santiago 4.2)

35 UNA ORACIÓN DE RECONOCIMIENTO

«"¡Señor mío y Dios mío!", le dijo Tomás».

—JUAN 20.28

*L*as palabras de esta oración constituyen el reconocimiento más poderoso de la deidad de Cristo que podemos encontrar en todo el Nuevo Testamento. Y fueron expresadas por la persona menos pensada. Tomás obtuvo un apodo que se le adhirió como con pegamento: «Tomás, el incrédulo». Prácticamente, cada vez que entra en escena en los evangelios, lo encontramos pensando lo peor o dudando sobre algo o alguien. Tomás veía un problema en cada respuesta cuando Cristo veía una respuesta en cada problema. En el momento en que Jesús se enteró de que su amigo Lázaro estaba muriendo, les dijo a sus discípulos que debía ir a Judea. Ellos trataron de convencerlo de lo contrario porque en su último viaje las personas habían intentado apedrearlo. Tomás intervino, diciendo: «Vamos nosotros también para morir con Él» (Juan 11.16). En el aposento alto, cuando Jesús les expresó que se iría a preparar un lugar para ellos, Tomás interrumpió: «Señor, *si* no sabemos adónde vas, ¿cómo vamos a conocer el camino?» (Juan 14.5). Y después de la resurrección, su duda llegó a un punto culminante. El Cristo resucitado se les había aparecido a los discípulos, pero

Tomás «no estaba con ellos cuando Jesús vino» (Juan 20.24).
Cuando regresó, con entusiasmo le contaron las buenas nuevas de que Cristo estaba vivo. ¿Y cuál fue su respuesta? «Si no
veo en Sus manos la señal de los clavos,
y meto el dedo en el lugar de los clavos,
y pongo la mano en Su costado, no cree-
ré» (v. 25).

> «Si no veo en Sus
> manos la señal de los
> clavos [...] no creeré»
> JUAN 20:25

Sin embargo, todo cambió ocho
días después. Jesús regresó, atravesó la
puerta cerrada, miró a Tomás y dijo: «Acerca aquí tu dedo,
y mira Mis manos; extiende aquí tu mano y métela en Mi
costado; y no seas incrédulo, sino creyente» (v. 27). Tomás de
pronto se dio cuenta de que no necesitaba la evidencia que
creyó necesitar y, cayendo a los pies de Jesús, oró: «¡Señor
mío y Dios mío!» (v. 28). En ese momento, el aprensivo se
convirtió en adorador; el incrédulo problemático se convirtió en un verdadero discípulo.

El propósito de este breve capítulo no es convencerlo de
la resurrección. Si esos primeros creyentes que fueron testigos del Cristo resucitado, que lo vieron y se sentaron con
él, no pudieron convencer a Tomás de que estaba vivo, no
tengo ninguna ilusión de que con estos pocos párrafos pueda
convencerlo. Usted nunca será persuadido hasta que, como
sucedió con Tomás, tenga un encuentro personal con Jesús
y, por medio de la fe, llegue a la misma conclusión de que, en
verdad, él es Señor y Dios.

Cuando oramos «Señor mío», hay tanto más detrás de dicho reconocimiento. Al decir estas dos palabras, Tomás reconoció que había recibido el Espíritu Santo. Podemos estar seguros de esto porque la Biblia afirma: «Nadie puede decir: "Jesús es el Señor", excepto por el Espíritu Santo» (1 Corintios 12.3). Cuando Dios se manifiesta a sí mismo de una forma tan personal, nuestra respuesta natural es: «Señor mío».

Sin duda, una de las maneras en que conoceremos a nuestro Señor glorificado será por las marcas en sus manos. No olvidemos que por los corredores de los siglos camina uno que al simplemente elevar sus manos nos recuerda su derecho sobre nosotros. Y los que han colocado sus propias manos en esas manos marcadas por los clavos, como ocurrió con Tomás, se han postrado delante de él y exclamado: «Señor mío».

También hay un reconocimiento detrás de estas palabras: «Dios mío». El lugar más evidente en los evangelios es cuando alguien aceptó a Jesucristo como su Dios. Cuán maravillosa es la gracia de Dios. Tomás, el incrédulo, fue aquel que expresó el más claro, audaz y directo reconocimiento de la deidad de Cristo en toda la Biblia, cuando exclamó: «¡Señor mío *y* Dios mío!». Pedro, que falló tantas veces, fue el que hizo la mayor confesión. Pablo, que persiguió a la iglesia primitiva, fue el que se convirtió en el apóstol de los gentiles y llevó el evangelio a través del mundo mediterráneo en una generación. Y así es que el más escéptico de los doce, Tomás el incrédulo, fue el que dijo no solo: «Señor mío», sino que también declaró: «Dios mío».

Nuestro Señor nos ha estado dando pistas de su deidad a lo largo de todo el Evangelio de Juan. En el capítulo 1, Juan expresó: «En el principio *ya* existía el Verbo, y el Verbo estaba con Dios, y el Verbo era Dios [...] El Verbo se hizo carne, y habitó entre nosotros» (Juan 1.1, 14). En Juan 10.30, Jesús había dicho que él y el Padre eran «uno». Y, en Juan 14.9, en vísperas de la crucifixión, confesó que los que lo habían visto habían «visto al Padre». Jesús no era otro que el tan esperado Mesías. Y eso está ilustrado en esta oración: «¡Señor mío y Dios mío!».

Jesús miró a Tomás y le dijo: «¿Porque me has visto has creído? Dichosos los que no vieron, y *sin embargo* creyeron» (Juan 20.29). Tomás insistía en ver al Cristo resucitado. Jesús le concedió su petición y, así, Tomás creyó. Sin embargo, el Señor destacó que una bendición mayor espera a los que nunca vieron con sus ojos, pero creen en sus corazones. Yo nunca lo he visto, pero siendo un joven de diecisiete años, creí y me uní a Tomás al decir: «¡Señor mío y Dios mío!».

Si tan solo el Señor pudiera salir de las páginas de este libro, mirarlo a los ojos y decir: «Mira mis manos; trae tu pecado y déjalo sobre mí; trae tus cargas y déjalas sobre mí; trae tus frustraciones y derrámalas sobre mí; trae tus preocupaciones y deja que yo las lleve». La buena noticia es que él está con usted en este momento, y cuando lo vea como Tomás lo vio, usted también se dará cuenta de que todas las pruebas que creyó que necesitaba ya no importan, y se postrará en reconocimiento, diciendo: «¡Señor mío y Dios mío!».

PALABRA CLAVE: CICATRIZ

Hoy, cuando note una cicatriz en su cuerpo que pudo haber sido causada por una herida o cirugía de hace tiempo, recuerde que hay uno que está parado delante de usted en este preciso momento y que por el mero hecho de levantar sus manos y revelar sus cicatrices, le muestra cuánto lo ama y el derecho que él tiene sobre su vida.

VERSÍCULO CLAVE

«¿Tanto tiempo he estado con ustedes, y todavía no me conoces, Felipe? El que me ha visto a Mí, ha visto al Padre. ¿Cómo dices tú: "Muéstranos al Padre"?». (Juan 14.9)

36   LA ORACIÓN Y LA VOLUNTAD DE DIOS

«Padre, si es Tu voluntad, aparta de Mí esta copa;
pero no se haga Mi voluntad, sino la Tuya».

—LUCAS 22.42

Al caer la noche sobre Getsemaní, encontramos a nuestro Señor orando tan angustiado que literalmente comenzó a sudar gotas de sangre. Su pasión se centraba en cumplir la voluntad del Padre para su vida. Más adelante, abordó este tema de manera intencional con sus discípulos cuando les dijo: «Porque he descendido del cielo, no para hacer Mi voluntad, sino la voluntad del que me envió» (Juan 6.38). Solo algunas horas antes de ser crucificado en un madero romano cargando el peso de los pecados del mundo, ese mismo deseo lo consumía: «No se haga Mi voluntad, sino la Tuya».

Dios tiene un propósito y un plan perfectos para cada uno de nosotros. El rey David creyó esto y nos mostró su confianza en que Dios no encubriría su voluntad, cuando declaró: «Me darás a conocer la senda de la vida; en Tu presencia hay plenitud de gozo; en Tu diestra hay deleites para siempre» (Salmos 16.11). El Señor Jesús está más interesado en que nosotros hallemos su voluntad para nuestras vidas que nosotros mismos.

Hay ciertas cuestiones relacionadas con la voluntad de Dios que no necesitan oración ni búsqueda. Por ejemplo, Jesús dijo: «Esta es la voluntad de Mi Padre: que todo aquel que ve al Hijo y cree en Él, tenga vida eterna» (Juan 6.40). Esta es la voluntad explícita del Padre. Pero ¿qué hay sobre otras cuestiones de la vida, esas encrucijadas que demandan nuestra atención y una decisión final? ¿Cómo descubrimos cuál es la voluntad de Dios? Oramos. Preguntamos y nos aseguramos de conocer tres factores importantes que nos permitirán hallar la voluntad de Dios para nuestras vidas y cumplirla.

ASEGÚRESE DE CONOCER AL SALVADOR

Es lógico pensar que si estamos en la búsqueda de descubrir la voluntad de Dios en un área específica, en primer lugar, tenemos que conocerlo como nuestro Señor y Salvador personal. El apóstol Pablo lo expresó muy claramente cuando dijo: «*Porque* esto es bueno y agradable delante de Dios nuestro Salvador, el cual quiere que todos los hombres sean salvos y vengan al pleno conocimiento de la verdad» (1 Timoteo 2.3-4).

El paso inicial para descubrir la voluntad de Dios es orar y abrir su corazón a él. Sin un conocimiento salvador de Cristo y su presencia dentro de nosotros, resulta imposible discernir las cosas de Dios. Esas cosas, como dice la Escritura, «se disciernen espiritualmente» (1 Corintios 2.14). Por tanto, el punto para comenzar a descubrir la

> Una vez que deposite su confianza en Cristo para su salvación, el Espíritu Santo viene a morar en su vida.

voluntad de Dios es en la certeza de que lo conoce en la intimidad de Padre e hijo, y conocerle es vida eterna.

ASEGÚRESE DE CONOCER AL ESPÍRITU

Una vez que deposite su confianza en Cristo para su salvación, el Espíritu Santo viene a morar en su vida, empoderándolo para servirle y ayudándolo a dar testimonio con el Espíritu de Dios. Pablo nos exhortó: «Así pues, no sean necios, sino entiendan cuál es la voluntad del Señor. Y no se embriaguen con vino [...] sino sean llenos del Espíritu» (Efesios 5.17-18).

¿Qué comienza a suceder cuando conocemos a Cristo como nuestro Salvador y somos llenos a diario con su Espíritu? Él se convierte en nuestro Maestro y nos «guiará a toda la verdad» (Juan 16.13). A medida que nos entregamos por medio de la oración al Espíritu Santo, él promete guiarnos para discernir la voluntad de Dios para nuestras vidas.

ASEGÚRESE DE CONOCER LAS ESCRITURAS

Tener un conocimiento de las verdades bíblicas es esencial a la hora de descubrir la voluntad de Dios para nuestras vidas. Él nunca nos va a guiar a hacer algo que sea contrario a su Palabra. Con razón Pablo nos desafió a que «la palabra de Cristo habite en abundancia en ustedes, con toda sabiduría»

(Colosenses 3.16). Si conocemos a Cristo, si somos guiados por su Espíritu y permanecemos en su Palabra, nos «[dará] a conocer la senda de la vida» (Salmos 16.11).

Existen algunos pasos prácticos para descubrir la voluntad de Dios cuando oramos por un asunto específico. La primera clave es el *deseo*. Dios no lo llamará a emprender cierta tarea sin primeramente haber plantado un deseo dentro de su corazón (Salmos 37). Cuando una persona permanece en el Espíritu y está inmersa en las Escrituras, Dios mismo implanta los deseos en su corazón. Él nos da esos deseos que surgen dentro de nosotros. Pero un deseo en sí mismo no necesariamente significa que es su voluntad. En segundo lugar, el deseo tiene que estar acompañado de una *oportunidad*. Entonces, si tenemos un deseo acompañado de una oportunidad, debemos continuar caminando y confiar en que él cerrará la puerta si no es su voluntad para nosotros.

Dios no desea encubrirle su voluntad. Él está más deseoso que usted de que la conozca y camine en ella. En verdad, él tiene un plan maravilloso para su vida... ahora mismo... y anhela poder revelarle su voluntad. Él lo conoce íntimamente. Sabe su nombre y dirección de correo electrónico. Hasta tiene contados los cabellos de su cabeza. Si ve un pajarillo cuando cae del cielo, ¿cuánto más cuidará de usted? (Mateo 10.30). Únase a Jesús en su oración: «No se haga Mi voluntad, sino la Tuya».

PALABRA CLAVE: HUERTO

Hoy, cuando vea un huerto o pase conduciendo cerca de un jardín bellamente cuidado con macetas y flores bien colocadas, recuerde que fue en un huerto donde Jesús oró: «No se haga Mi voluntad, sino la Tuya». Que esa pueda ser su oración más ferviente a lo largo de este día.

VERSÍCULO CLAVE

No se amolden al mundo actual, sino sean transformados mediante la renovación de su mente. Así podrán comprobar cuál es la voluntad de Dios, buena, agradable y perfecta. (Romanos 12.2, NVI)

37   VELE Y ORE

«Entonces vino Jesús a los discípulos y los halló durmiendo,
y dijo a Pedro: "¿Conque no pudieron velar una hora
junto a Mí? Velen y oren para que no entren en tentación;
el espíritu está dispuesto, pero la carne es débil"».

—MATEO 26.40-41

*D*urante tres años, Jesús había pasado casi cada hora con su pequeño grupo escogido de hermanos. Los discípulos lo habían escuchado hablar las palabras de verdad y vida más profundas jamás pronunciadas. Lo habían observado mientras ponía en práctica todo lo que enseñaba y predicaba. Habían estado a su lado cuando sanó a los enfermos, resucitó a los muertos y caminó sobre el mar de Galilea. Él les entregaba su corazón noche y día, preparándolos para llevar el evangelio de su vida, muerte, entierro y resurrección a todo el mundo. Pero ya su tiempo había llegado. Era la medianoche. En cuestión de horas, sería colgado de una cruz romana, despreciado y rechazado. En la oscuridad del huerto de Getsemaní, llevó consigo a sus tres discípulos íntimos: Pedro, Santiago y Juan. Veían claramente en su rostro que «comenzó a entristecerse y a angustiarse» (Mateo 26.37). Se volvió a ellos y verbalizó sus sentimientos: «Mi alma está muy afligida, hasta el punto de la muerte; quédense aquí y velen junto a Mí» (v. 38). Colóquese en el lugar de ellos. Después de todo lo que vio en su vida y oyó de sus labios, estaría deseoso de estar a su lado en un momento semejante. En esta, su hora de mayor necesidad, era una sencilla petición: «Quédense aquí y velen junto a Mí».

Sabiendo que su muerte estaba cerca, Jesús se adelantó un poco y, cayendo de rodillas, oró diciendo: «Padre Mío, si es posible, que pase de Mí esta copa; pero no sea como Yo quiero, sino como Tú *quieras*» (v. 39). Después de un tiempo, Jesús regresó con los discípulos y los halló durmiendo. Resulta difícil de creer. Estaban dormidos... y en su hora de mayor necesidad. Entonces de sus labios salió una pregunta poderosa y penetrante: «¿Conque no pudieron velar una hora junto a Mí?» (v. 40).

Jesús miró a Pedro e hizo esta pregunta. El mismo Simón Pedro que un día se levantaría para convertirse en el líder indiscutible de la iglesia de Jerusalén. La pregunta también estaba dirigida a Santiago, uno de los «Hijos del Trueno» y el primer apóstol que no mucho tiempo después tendría su propia muerte como mártir. Y Juan, que algunos años más tarde sería exiliado a Patmos donde recibiría la revelación, escuchó a nuestro Señor preguntar: «¿Conque no pudieron velar una hora junto a Mí?». Estoy seguro de que al oír esto, los tres, conocedores de las Escrituras hebreas, pensaron en las palabras de Isaías que, refiriéndose a los centinelas colocados sobre las murallas de Jerusalén, reveló que «en todo el día y en toda la noche jamás callarán» (Isaías 62.6).

Durante esa hora de oración, Pedro, Santiago y Juan tuvieron la oportunidad de brindarle al Señor seguridad física y también seguridad espiritual. Pudieron haber estado en vela para alertar a Jesús en caso de que alguien entrara a Getsemaní esa noche con intenciones de herirlo. Pudieron haber estado orando por él, por fortaleza y valor para enfrentar el momento decisivo que le esperaba. Pudieron haberlo consolado en su hora de tristeza y aflicción. Pero no hicieron nada de esto, sino que se quedaron dormidos.

Había una nota de asombro, incluso de incredulidad, en la voz de Jesús cuando les hizo esta pregunta. Primero, vino el signo de exclamación: «¡Qué! ¿Qué es esto? Solo les pedí que velaran y oraran. ¿Conque no pudieron velar conmigo una hora?» (paráfrasis). Acababan de llegar del lugar sagrado, del aposento alto, donde compartieron el pan y el vino, y oyeron a nuestro Señor describir cómo su cuerpo sería partido y su sangre derramada. Entonces les hacía esta pregunta punzante: «¿Conque no pudieron velar una hora junto a Mí?».

> «¡Qué! ¿Qué es esto? Solo les pedí que velaran y oraran. ¿Conque no pudieron velar conmigo una hora?».
>
> MATEO 26.40, PARÁFRASIS

Antes de apresurarnos a señalar con nuestro dedo acusatorio en su dirección, esta pregunta también está dirigida a nosotros. Hay momentos en nuestra experiencia como cristianos cuando el trabajo toma el lugar de la vigilia. En esos momentos, Jesús nos susurra las mismas palabras:

«Velen y oren para que no entren en tentación; el espíritu está dispuesto, pero la carne es débil».

Escuche de nuevo la pregunta: «¿Conque no pudieron velar una hora junto a Mí?». ¿No es momento de que aquellos que reconocemos a Jesús como nuestro Salvador y Señor tomemos con seriedad esta interrogante como si hubiéramos estado presentes aquella noche? Cuando, en nuestros días, y en tantos lugares, el corazón de la iglesia se endurece y muchos púlpitos son simplemente dispensarios del pensamiento humano; cuando muchos de los sistemas educativos se han convertido en fortalezas de propaganda anticristiana y en evidente marxismo; cuando todos los medios de comunicación constantemente llaman a nuestros hijos a un estilo de vida de perdición; cuando muchos discípulos modernos toleran cada vez más una civilización que agoniza; ¿no es hora de oír claramente esta pregunta de Jesús: «¿Conque no pudieron velar una hora junto a Mí?». Y entonces, con una profunda convicción, comenzar a orar: «¡Oh, si rasgaras los cielos y descendieras!» (Isaías 64.1).

En verdad, antes de volvernos demasiado críticos ante este trío durmiente, debemos aprovechar para examinar nuestros propios corazones. A pesar de nuestros espíritus a veces dispuestos, nosotros también a menudo somos débiles en la carne cuando se trata del llamado a velar y orar. Manténgase hoy en vela. «Por tanto, el que cree que está firme, tenga cuidado, no sea que caiga» (1 Corintios 10.12). Y, mientras vele, recuerde orar.

PALABRA CLAVE: RELOJ

Hoy, cuando mire el reloj y vea que transcurren los segundos, los minutos y las horas de su día, recuerde que esta pregunta está dirigida tanto a usted como a los tres discípulos en el huerto: «¿Conque no pudieron velar una hora junto a Mí?». Que eso sea una motivación a fin de que «velen y oren para que no entren en tentación».

VERSÍCULO CLAVE

Sobre tus murallas, oh Jerusalén, he colocado centinelas; en todo el día y en toda la noche jamás callarán. Ustedes que hacen que el SEÑOR recuerde, no se den descanso, ni le concedan descanso hasta que la restablezca, hasta que haga de Jerusalén una alabanza en la tierra. (Isaías 62.6-7)

38 LAS ORACIONES DESDE LA CRUZ

«Padre, perdónalos, porque no saben lo que hacen».
—LUCAS 23.34

«Dios Mío, Dios Mío, ¿por qué me has abandonado?».
—MATEO 27.46

«Padre, en Tus manos encomiendo Mi espíritu».
—LUCAS 23.46

*L*as últimas palabras famosas que los hombres y mujeres pronuncian en sus lechos de muerte son siempre memorables y, a menudo, impresionantes. Jesús de Nazaret pronunció sus palabras finales estando en un instrumento de ejecución. Desde una cruz romana, habló siete veces. Las primeras palabras, las del medio y las últimas fueron oraciones, las cuales nos dicen mucho en esta dispensación de la gracia en que vivimos.

Una extraña oscuridad envolvió la tierra en pleno día mientras Cristo permanecía colgado entre la tierra y el cielo. Antes de que las tinieblas descendieran, habló tres veces, diciendo: «Padre, perdónalos [...] En verdad te digo: hoy estarás conmigo en el paraíso» (Lucas 23.34, 43); «¡Mujer, ahí está tu hijo!» (Juan 19.26). Luego, desde las tinieblas, se escucharon las más extrañas de sus últimas palabras: «DIOS MÍO, ¿POR QUÉ ME HAS ABANDONADO?». Después de las tinieblas, y en una sucesión rápida, vinieron las palabras: «Tengo sed» (Juan 19.28); «¡Consumado es!» (v. 30); «Padre, EN TUS MANOS ENCOMIENDO MI ESPÍRITU».

UNA ORACIÓN COMPASIVA

Desde la cruz, Jesús ofreció una *oración compasiva*. Antes de decir que tenía sed, antes de entregar a su madre al cuidado de Juan, incluso antes de que trajera esperanzas al ladrón moribundo, él oró... y oró por aquellos que lo estaban crucificando. «Padre, perdónalos, porque no saben lo que hacen».

El tiempo verbal de esta expresión que aparece en el Nuevo Testamento indica que esta no fue solo una oración al azar pronunciada por labios moribundos, sino una que repetía vez tras vez. Cuando llegó al Calvario, los que estaban allí parados podían oír: «Padre, perdónalos». Cuando los soldados lo empujaron al suelo, oyeron: «Padre, perdónalos». Cuando el ejecutor clavó sus manos y sus pies al madero, oyó: «Padre, perdónalos». Cuando levantaron la cruz y esta cayó con un golpe en el suelo, aquellos que miraban oyeron: «Padre, perdónalos». Nadie sabe cuántas veces esa oración penetró los cielos aquel día. Jesús murió amando a otros y orando de forma compasiva a favor de ellos.

Mucho antes, en un monte de pastizales verdes en Galilea, les había dicho a sus seguidores que amaran a sus enemigos, los bendijeran, les hicieran el bien, oraran por ellos (Mateo 5.44). En otra ocasión, cuando se le preguntó sobre cuántas veces debemos perdonar, respondió: «Hasta

> Aquello que había predicado de manera tan elocuente en un monte en Galilea, lo ponía en práctica en la sombría colina del Gólgota.

setenta veces siete» (Mateo 18.22). Jesús nos estaba enseñando una valiosa lección de vida. Aquello que había predicado de manera tan elocuente en un monte en Galilea, lo ponía en práctica en la sombría colina del Gólgota. Esta oración quedó registrada para la posteridad, a fin de que podamos conocer el poder y el efecto liberador que el perdón puede tener en nuestras propias vidas.

UNA PROFECÍA CUMPLIDA

La segunda petición desde la cruz vino en la forma de una *profecía cumplida*. Una oscuridad total cubrió la tierra, la cual produjo un silencio inquietante, y luego un fuerte clamor penetró el silencio y la oscuridad: «Dios Mío, Dios Mío, ¿por qué me has abandonado?». Algunos afirman que después de estar tres horas colgado de la cruz, Jesús había comenzado a delirar. Pero no lo crea. ¿Qué motivaron estas palabras proféticas de Salmos 22, que se pronunciaban en una oración apasionada? ¿Acaso un Padre amoroso alguna vez abandona a su propio Hijo?

Este misterio solo puede comprenderse al permitir nuevamente que la Escritura se interprete a sí misma. Habacuc reveló que los ojos del Padre son muy limpios «para mirar el mal [pecado]» (Habacuc 1.13). Isaías 53.6 nos recordó que Dios hizo recaer sobre Cristo los pecados de todos nosotros.

Y Pablo añadió: «Al que no conoció pecado [Jesús], lo hizo pecado por nosotros» (2 Corintios 5.21). Ahora bien, dado que un Dios santo no puede mirar el pecado, y a causa de que Jesús cargó todos nuestros pecados en su propio cuerpo en la cruz, la Luz se apartó y las tinieblas sobrevinieron durante ese período en que Jesús se convirtió en lo que somos, a fin de que nosotros pudiéramos ser como él: libres de pecado. Fue desamparado cuando cargó nuestro pecado, a fin de que nunca fuéramos desamparados.

UNA DECLARACIÓN DE CONFIANZA

La última oración de nuestro Señor fue una *declaración de confianza*. «Padre, EN TUS MANOS ENCOMIENDO MI ESPÍRITU». Cuando todo acabó, Jesús hizo esta declaración de confianza. Y, note, encomendó su Espíritu en las manos de Dios. La Biblia nos enseña que tanto usted como yo estamos compuestos de espíritu, alma y cuerpo. En nuestra cultura, somos muy conscientes del cuerpo. Lo bronceamos, tonificamos, entrenamos, recortamos y algunos lo disimulamos. Pasamos la mayor parte de nuestro tiempo concentrados en esa parte de nosotros que un día regresará al polvo. Y, lamentablemente, demasiados pasamos muy poco tiempo ocupados en esa parte que vivirá mientras Dios viva: nuestro espíritu.

Como pastor, he estado parado delante de las tumbas abiertas de cientos de personas a lo largo de los años, ricos y pobres, jóvenes y ancianos, educados y sin educación, y personas de diferentes etnias. El común denominador que en definitiva importa es si en el umbral de la muerte podemos orar con él: «Padre, EN TUS MANOS ENCOMIENDO MI ESPÍRITU».

Mientras este capítulo llega a su fin, nos alejamos del Calvario; sin embargo, la sombra de la cruz siempre se cierne sobre nosotros. Hay oraciones que debemos hacer que escuchamos por primera vez allí. Primero, ¿puede unirse a Jesús en su oración compasiva: «Padre, perdónalos»? Quizás haya alguna persona cercana a usted a la que nunca ha perdonado. Esa emoción ha permanecido durante meses, tal vez años. Suéltela. Perdone. Y, al hacerlo, será libre. La segunda oración de Jesús desde la cruz es una que usted nunca tendrá que hacer: «¿Por qué me has abandonado?». A causa de que Jesús fue —por ese único momento— abandonado, usted nunca lo será. De hecho, tiene su promesa: «NUNCA TE DEJARÉ NI TE DESAMPARARÉ» (Hebreos 13.5). Por último, cada día es un regalo. Por tanto, asegúrese de estar siempre preparado para hacer de esta su oración: «Padre, EN TUS MANOS ENCOMIENDO MI ESPÍRITU». Cuando llegue ese momento, ¡no estará dejando su casa, sino regresando a su hogar!

PALABRA CLAVE: ROSTRO

Hoy, cuando se mire al espejo para maquillarse o afeitarse, eche un buen y largo vistazo. La edad tiene un efecto sobre todos porque cada día nuestros cuerpos mueren un poco. Por eso, recuerde alimentar su espíritu y nutrir esa parte de usted que va a vivir mientras Dios viva. Usted es espíritu, tiene un alma (la sede de sus emociones) y simplemente vive en un cuerpo.

VERSÍCULO CLAVE

Dios es espíritu, y los que lo adoran deben adorar en espíritu y en verdad. (Juan 4.24)

39 UNA ORACIÓN DE AFIRMACIÓN

«Doy gracias a mi Dios siempre, haciendo mención
de ti en mis oraciones, porque oigo de tu amor y de
la fe que tienes hacia el Señor Jesús y hacia todos los
santos. Ruego que la comunión de tu fe llegue a ser
eficaz por el conocimiento de todo lo bueno que hay en
ustedes mediante Cristo. Pues he llegado a tener mucho
gozo y consuelo en tu amor, porque los corazones de
los santos han sido confortados por ti, hermano».

—FILEMÓN VV. 4-7

*P*ablo escribió estas palabras desde una celda en Roma a su amigo Filemón, en Colosas, al que antes había convertido a la fe salvadora en Cristo. Más adelante, en su carta, le pidió a Filemón que hiciera algo difícil: perdonar y volver a recibir a su sirviente fugitivo: Onésimo, «ya no como esclavo, sino [...] *como* un hermano amado» (Filemón v. 16). Pero primero, el gran apóstol quería que su amigo supiera que estaba orando por él y agradeciéndole a Dios por su vida. Entonces, se contactó por medio de la pluma y del papel para darle a Filemón una palmada en la espalda al decirle que había llegado a tener «mucho gozo y consuelo» en su amor y afirmarle que «los corazones de los santos han sido confortados» por sus muchas acciones (v. 7).

Las oraciones de afirmación deberían tener prioridad cuando intercedemos por otros, como hizo Pablo, con acción de gracias, «siempre, haciendo mención de ti en [nuestras] oraciones». En esta simple mención de sus oraciones a favor de Filemón, Pablo nos dejó varios principios que deberían caracterizar las que hacemos por nuestros amigos.

NUESTRAS ORACIONES DEBEN MOSTRAR APRECIO

Cuando oramos por otros, nuestras oraciones deben manifestar *aprecio*. Pablo escribió: «Doy gracias a mi Dios siempre, haciendo mención de ti en mis oraciones». No tuvo vergüenza de hacerle saber a Filemón que él era el objeto de sus oraciones y que cuando oraba por él, siempre lo hacía con agradecimiento. ¿Y por qué? Porque Pablo había oído del «amor y de la fe» que Filemón había mostrado hacia todos los santos.

Es especialmente alentador cuando les hacemos saber a nuestros amigos que estamos orando por ellos con acciones de gracias y por una razón específica. Asegúrese de que sus oraciones comiencen con aprecio y agradecimiento, los cuales el salmista afirma que son la entrada a la sala del trono de la oración (Salmos 100.4).

> Es especialmente alentador cuando les hacemos saber a nuestros amigos que estamos orando por ellos.

NUESTRAS ORACIONES DEBEN MOSTRAR AUTENTICIDAD

Cuando oramos por otros, nuestras oraciones también deben ser hechas con autenticidad. Pablo no solo había oído del «amor y de la fe» de Filemón, sino también que fue autentificado por la «comunión de [su] fe». En su oración, Pablo estaba desafiando a su amigo a ser activo, no reactivo, al expresar su fe.

¿Puede imaginarse un acontecimiento importante en su vida, como casarse, tener a su primer hijo, ganar un campeonato de algún tipo y nunca tener el deseo de hablar al respecto o de comentarlo con alguien? ¿Es acaso posible que el Creador de todo el universo pudiera perdonar cada pecado que haya cometido y viniera a morar en su vida, sin que usted tenga el deseo de contarle a alguien? Pablo ora que la «comunión» de la fe de Filemón pueda llegar a ser eficaz y así autentificar el evangelio de Jesucristo en el proceso.

NUESTRAS ORACIONES DEBEN EXPRESAR ADMIRACIÓN

Cuando oramos por otros, nuestras oraciones deben mostrar no solo aprecio y autenticidad, sino también *admiración*. Pablo quería que Filemón supiera que sus oraciones por él lo llenaban de «gozo y consuelo» a causa del amor que impregnaba la vida de su amigo. ¿Qué era exactamente lo que había en Filemón que resultaba tan admirable? Su amor. ¿Y en dónde se originaba? En su fe personal en Jesucristo. Su entrega hacia otros traía «mucho gozo» y consuelo al apóstol encarcelado a kilómetros de distancia en una celda romana.

Hay algunas personas a nuestro alrededor que pasan meses sin siquiera oír una palabra de admiración por parte de su cónyuge, de su jefe o de cualquier otra persona con la que están en contacto. Inténtelo esta semana. Bríndele una palabra de admiración a un camarero de un restaurante, a un cajero del supermercado o a cualquiera de tantos otros con los que se encuentre. Orar por su prójimo con una actitud de admiración tiene un efecto liberador.

NUESTRAS ORACIONES DEBEN MOSTRAR AFIRMACIÓN

Por último, cuando ora por otros, asegúrese de incorporar la *afirmación*. Pablo reveló que una de las motivaciones detrás de sus oraciones era que «los corazones de los santos han sido confortados» por su amigo Filemón. La afirmación es el mayor factor motivador de la vida. Cada hijo necesita saber que mamá y papá creen en ellos. Cada estudiante necesita saber que el maestro cree en ellos. Cada atleta necesita saber que su entrenador cree en ellos.

Y, cuando afirme a alguien, asegúrese de que sea personal. No envíe a otro a dar una palmada en la espalda. Hágalo usted mismo. Asegúrese de que sea real. Afirmar a alguien por algo que ha sucedido hace años no significa tanto como hacerlo en el momento. Asegúrese de ser directo. Es decir, sea específico, como Pablo lo fue. Las palabras afirmativas que se pronuncian con una lingüística confusa no llegan muy lejos. Y asegúrese de ser apasionado, que salga de su corazón con autenticidad. No sé usted, pero yo puedo ir muy lejos con un buen y genuino cumplido y una palabra de afirmación.

Quizás esté pensando: «Desearía haber tenido a alguien que orara por mí así». En cambio, ¿por qué no dice: «Voy a comenzar a orar por mis amigos de esa manera»? Puede que encuentre que es verdad cuando la Biblia dice que cosechamos lo que sembramos (Gálatas 6.7).

Mire a Jesús. Caminó por esta tierra trayendo palabras de afirmación a las personas: a una mujer junto al pozo... a una mujer sorprendida en el acto de adulterio... a otra en Betania con un frasco de alabastro... y a un ladrón colgado a su lado en una cruz romana, al que alcanzó con una palmada en la espalda y le dijo: «Hoy estarás conmigo en el paraíso» (Lucas 23.43). Cuando ore, dé gracias a Dios «haciendo mención» de sus amigos. Y luego active sus oraciones al informarles que está orando por ellos y anímelos con una palmada en la espalda y una palabra de afirmación. Alguien que conoce está esperando oír justamente eso.

PALABRA CLAVE: EDULCORANTE

Hoy, si usa un edulcorante artificial en su café o té, o distingue uno en la mesa de algún restaurante, recuerde que las palabras de afirmación tienen que ser auténticas, no artificiales. Luego, dé a alguien que conozca una sincera palmada en la espalda. Puede cambiar la manera en que piensan sobre ellos mismos.

VERSÍCULO CLAVE

«Mujer, ¿dónde están ellos? ¿Ninguno te ha
condenado?». «Ninguno, Señor», respondió ella.
Entonces Jesús le dijo: «Yo tampoco te condeno. Vete;
y desde ahora no peques más». (Juan 8.10-11)

40   LA ÚLTIMA ORACIÓN DE LA BIBLIA

«Amén. Ven, Señor Jesús».
—APOCALIPSIS 22.20

*A*ntes de esta última oración que aparece en la Biblia, la cual fue pronunciada por el anciano Juan en la isla de Patmos, Jesús nos da la última promesa de las Escrituras. Después de haber cumplido con su misión terrenal, nuestro Señor ascendió al cielo desde el monte de los Olivos a plena vista de sus seguidores, los que «se quedaron mirando fijamente al cielo» (Hechos 1.10, nvi). De inmediato, se aparecieron dos ángeles, diciendo: «Varones galileos, ¿por qué están mirando al cielo? Este *mismo* Jesús, que ha sido tomado de ustedes al cielo, vendrá de la misma manera, tal como lo han visto ir al cielo» (v. 11).

En la última página de la Biblia, después de sesenta y seis libros, 1.189 capítulos, 31.103 versículos y casi un millón de palabras escritas, Jesús, el Autor, concluye el libro con este mismo tema. Él promete regresar, diciendo: «Sí, vengo pronto» (Apocalipsis 22.20). Y desde ese día, cada generación de creyentes ha estado aguardando su regreso prometido, nuestra «esperanza bienaventurada [...] la manifestación de [su] gloria» (Tito 2.13). Cuando Juan registra estas palabras para toda la posteridad, proclama la última oración que aparece en las sagradas Escrituras: «Amén. Ven, Señor Jesús».

LA ÚLTIMA PROMESA DE LA BIBLIA

Existen casi ocho mil promesas que Dios nos da en la Biblia; pero esta: «Sí, vengo pronto», aún por cumplirse, marcará el clímax de la historia de la humanidad. La Biblia habla de tres venidas importantes. Primeramente, la venida del Mesías prometido, nacido de una virgen en la pequeña aldea desconocida de Belén. Él vino... y «habitó entre nosotros» (Juan 1.14). Durante treinta y tres años, nos mostró el verdadero amor.

La segunda venida que se promete es la del Espíritu Santo, que predijo especialmente el profeta Joel (Joel 2.28). Esta también se cumplió. En el día de Pentecostés, el Espíritu Santo vino a habitar en el corazón de los creyentes, para nunca desampararnos, empoderándonos para servirle en el reino de Dios. Cuando ponemos nuestra fe y confianza en Cristo, su Espíritu viene a morar en nosotros.

La única venida que aún no se ha cumplido es la promesa de Cristo de que regresará para recibirnos, para que donde él está, estemos nosotros también (Juan 14.3). Así como vino la primera vez, ciertamente regresará, no como un siervo afligido, sino como el Rey de reyes y el Señor de señores, trayendo con él un nuevo reino de perfecta paz.

> La única venida prometida que aún no se ha cumplido es la promesa de Cristo de que regresará.

LA ÚLTIMA ORACIÓN DE LA BIBLIA

Después de oír esta promesa maravillosa de los labios del Salvador, el primer impulso de Juan fue irrumpir en oración: «Amén... como lo prometiste... ven... y no te tardes... ven ahora, ven pronto». Sin embargo, pronunció solo cuatro palabras: «Amén. Ven, Señor Jesús». A veces, algunas de las oraciones más poderosas son las más breves. Detrás de las palabras de esta oración, Juan, el discípulo amado, anticipa la gloria del regreso del Señor, el cual marcará el comienzo de una nueva era de paz, un reinado de mil años de Cristo en esta tierra y luego una eternidad con él en el cielo, donde el tiempo dejará de existir.

Nuestro mundo busca la paz, pero no parece encontrarla. Muchas veces ignoramos que nunca conoceremos la paz internacional hasta que la hallemos en la nación. Por supuesto, no encontraremos paz en las calles de nuestra nación, a menos que la hallemos primeramente en nuestro estado. Esto es imposible si no se procura la paz en cada ciudad, donde también resultará imposible hasta que tengamos paz en nuestros vecindarios, lo cual no sucederá sin tener paz en nuestras cuadras. Nunca tendremos paz en la cuadra a menos que tengamos paz en nuestro propio hogar. No tendré paz verdadera en mi hogar a menos que halle paz en mi corazón, y eso solo puede suceder si personalmente conozco la paz de Jesús, la cual viene de conocerlo a él como mi Salvador y Señor personal.

Jesús va a regresar para traer un reino de paz verdadera y duradera entre nosotros. Antes de cerrar las páginas de este devocional, únase a Juan y haga de esta su oración hoy y cada día: «Amén. Ven, Señor Jesús».

PALABRA CLAVE: NOTICIAS

Hoy, cuando lea las noticias y encuentre toda clase de problemas y agitación en su casa y alrededor del mundo, recuerde que vendrá un día mejor. Permita que las malas noticias le hagan recordar que también hay buenas y que puedan motivarlo a orar: «Amén. Ven, Señor Jesús».

VERSÍCULO CLAVE

Voy a preparar un lugar para ustedes [...] vendré otra vez y los tomaré adonde Yo voy; para que donde Yo esté, allí estén ustedes también. (Juan 14.2-3)

EPÍLOGO

Tal vez, durante la lectura de estas páginas, el Espíritu de Dios lo haya guiado a poner su fe y su confianza en Cristo para el perdón de su pecado, a fin de recibir el don de la vida eterna. Después de todo, el cielo es un regalo gratuito de Dios para usted; no puede ganarse ni merecerse. Todos somos pecadores y hemos sido destituidos de la gloria de Dios. En verdad, él es un Dios de amor, pero también un Dios de justicia y, por lo tanto, debe castigar el pecado. Aquí es donde Jesús hace su aparición. Él es el santo e inmaculado, Dios hecho hombre, que vino para cargar nuestros pecados sobre su propio cuerpo y a morir en la cruz en lugar de usted como castigo por esos pecados. Sin embargo, no es suficiente con solo conocer este hecho; debemos transferir la confianza que tenemos en nuestro propio esfuerzo humano a Cristo, y depositar nuestra fe en él y solo en él.

Si quiere recibir este don gratuito de la vida eterna, invoque su nombre ahora mismo. Jesús dijo: «Todo aquel que invoque el nombre del Señor será salvo» (Romanos 10.13). Únase a Pedro en su oración en el mar de Galilea. Diga: «¡Señor, sálvame!» (Mateo 14.30). Sugiero que haga la siguiente oración, ahora mismo, desde su corazón, sin importar dónde se encuentre.

Querido Señor Jesús:
Reconozco que he pecado y que no soy merecedor del don de la vida eterna. Por favor, perdóname. Gracias por cargar mi pecado sobre tu cuerpo y por morir en la cruz en mi lugar. Confío en ti como el único que puede salvarme de pasar toda una eternidad separado de un Dios santo. Ven a mi vida. Señor, sálvame. Acepto tu generoso ofrecimiento de perdón, vida abundante y vida eterna contigo. Gracias, Señor, por entrar en mi vida en este mismo momento como mi Señor y Salvador personal.

Una simple oración no puede salvarlo; pero Jesús puede y lo hará. Si esta oración expresa el deseo de su corazón, puede reclamar ahora la promesa que Jesús hizo para los que creen en él: «En verdad les digo: el que cree, tiene vida eterna» (Juan 6.47).

Ahora puede unirse a los millones de seguidores de Cristo y orar con Tomás: «¡Señor mío y Dios mío!» (Juan 20.28). Pues, ¿para qué sirve una buena noticia si no la difunde? Cuéntele a alguien sobre su nueva fe en Jesús.

MISSION:DIGNITY

*T*odas las regalías del autor y las ganancias derivadas de *La clave de la oración* son destinadas a apoyar a Mission:Dignity, un ministerio que permite a miles de ministros jubilados (y, en la mayoría de los casos, a sus viudas) que viven por debajo de la línea de pobreza, a llevar una existencia con dignidad y seguridad. Muchos de ellos ejercieron su ministerio pastoral en iglesias pequeñas, las cuales fueron incapaces de proveer de manera adecuada para su jubilación. Asimismo, como vivían en casas pertenecientes a la iglesia tuvieron que mudarse al momento de jubilarse. Mission:Dignity es una forma tangible de que estos siervos buenos y devotos sepan que no se les ha olvidado y que se les cuidará en sus últimos años de vida.

Todos los gastos de este ministerio se pagan con un fondo que se recauda para tal fin, de modo que todo aquel que ofrende para Mission:Dignity puede tener la seguridad de que cada centavo de sus donaciones va para uno de esos santos valiosos en necesidad.

Para obtener más información con respecto a este ministerio, visite www.missiondignity.org o comuníquese al número telefónico 1-877-888-9409.

ACERCA DEL AUTOR

. S. Hawkins, expastor de la primera Iglesia Bautista en Dallas, Texas, ha desempeñado su cargo de presidente ejecutivo en GuideStone Financial Resources desde 1997. GuideStone es el mayor fondo de inversión cristiano del mundo con activos de más de veinte mil millones de dólares. Es autor de la serie de libros devocionales *La clave*, de gran éxito de ventas, con más de dos millones de ejemplares vendidos. Se graduó de administrador de empresas en Texas Christian University y realizó su Maestría en Divinidad y su doctorado en Southwestern Baptist Theological Seminary (Seminario Teológico Bautista del Sudoeste).

ACÉRQUESE MÁS A DIOS

*C*omprenderá la presencia de Jesús en el Antiguo Testamento de una manera nueva mientras recorre la Biblia con O. S. Hawkins en *La clave de la Biblia*. Así como Jesús reveló a los dos discípulos en el camino a Emaús, «les explicó lo referente a Él en todas las Escrituras» (Lucas 24.27). Y a medida que aprendemos a encontrar a Jesús en cada versículo, también nos damos cuenta de su presencia constante en nuestras vidas.

ISBN: 978-0-8297-4623-5

La totalidad de las regalías e ingresos del autor van a apoyar Mission:Dignity, un ministerio que brinda apoyo a pastores y misioneros jubilados que se encuentran en una situación financiera difícil.

GRUPO NELSON
Desde 1798

PRESENTADO A:

....

DE:

....

FECHA:

....